Della stessa autrice in BUR
_{Rizzoli}

È pronto!
I menù di Benedetta
Mettiamoci a cucinare
Molto bene
Ricette in famiglia

Benedetta Parodi

LE RICETTE DELLA FELICITÀ

Per mangiare bene senza sensi di colpa

BUR
Rizzoli

Pubblicato per

da Mondadori Libri S.p.A.
Proprietà letteraria riservata
© 2017 Rizzoli Libri S.p.A. / Rizzoli
© 2018 Mondadori Libri S.p.A., Milano
Pubblicato in accordo con S&P Literary - Agenzia letteraria Sosia & Pistoia

ISBN 978-88-17-11245-1

Prima edizione Rizzoli: 2017
Prima edizione Best BUR: aprile 2019

Art direction: Sergio Pappalettera / Studio Prodesign
Progetto grafico e impaginazione: Giulia Faraon / Studio Prodesign
Illustrazioni: Giulia Faraon / Studio Prodesign
Consulenza nutrizionale: Patrizia Peotta

Crediti fotografici:
pp. 6-7, 8, 10-11, 50-51, 78-79, 94-95, 102-103, 114-115, 150-151, 160-161, 170-171, 196-197,
206-207, 218-219, 222, 224-225, 234-235, 258-259, 278-279, 284-285, 294-295, 324-325,
330, 342-343, 344 e 357 © Lorenzo De Simone
tutte le altre fotografie © Benedetta Parodi

Per la foto di copertina
Stylist: Emanuela Suma
Truccatrice: Francesca La Torre
Parrucchiera: Lionella Marchetti

Le informazioni nutrizionali contenute in questo libro non sostituiscono il parere
del vostro medico, dietologo o nutrizionista di fiducia.

Seguici su:

www.rizzolilibri.it   /RizzoliLibri   @BUR_Rizzoli   @rizzolilibri

A mia madre Laura,
che prima ancora di cucinare
mi ha insegnato a mangiare.
In maniera leggera e golosa

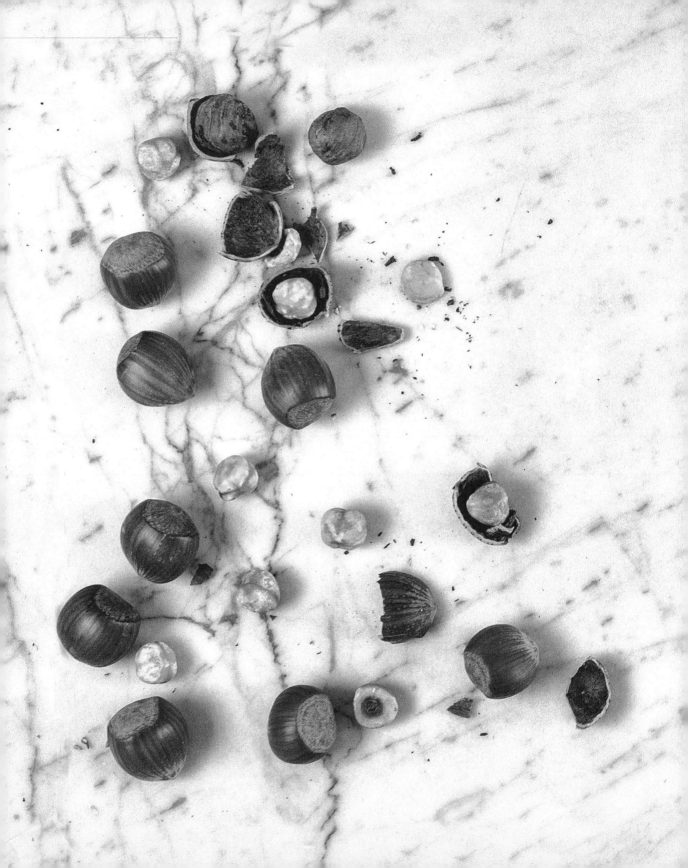

SOMMARIO

Spesso le persone che mi incontrano per la prima volta
mi chiedono come faccio a non ingrassare, pur amando molto
il cibo e passando tanto tempo in cucina. Io rispondo sempre
che il motivo è che mangio cibi buoni cucinati con amore
e gustati con il giusto equilibro. Ma per capire bene quello
che intendo, forse è meglio leggere *Le ricette della felicità*.

Benedetta

ABBASSO LA ROUTINE

LE RICETTE PER TUTTI I GIORNI

— CAPITOLO 1 —

Nei miei menu di tutti i giorni io scelgo di cucinare sempre un solo piatto: sano, goloso, equilibrato dal punto di vista nutrizionale ma sostanzioso, in modo da soddisfare tutta la famiglia senza fare troppa fatica. A questo piatto forte abbino delle semplici verdure! Questo è il modo migliore per sedersi a tavola con il sorriso e alzarsi da tavola leggeri.

PRIMO

RISOTTO CACIO PEPE E LIME

Ingredienti

320 g di riso Carnaroli

100 g di pecorino romano grattugiato

1 cucchiaio di pepe nero in grani

1 lime non trattato

1 scalogno

olio extravergine

sale

Per il brodo di pollo

dado granulare qb

oppure

1 coscia e sovracoscia di pollo

1 carota

1 cipolla

1 costa di sedano

30 minuti + 60 minuti per il brodo – 4 persone

Per il brodo di pollo si può utilizzare acqua e dado, oppure si può fare lessare in abbondante acqua salata la carota, la cipolla e la costa di sedano con coscia e sovracoscia di pollo per circa un'ora.

Tritare al coltello il pepe in grani o schiacciarlo con il batticarne in modo da ottenere un battuto non troppo fine. Farlo scaldare con 2 cucchiai di olio nella casseruola dove verrà cucinato il risotto. Aggiungere lo scalogno intero ma pelato (che andrà tolto a fine cottura). A questo punto unire il riso, farlo tostare per qualche minuto e salarlo. Sfumare con il brodo caldo e man mano che si asciuga aggiungerne un mestolo per volta fino a che il riso non arriva a cottura, ci vorranno circa 12-15 minuti. Quando il riso è pronto eliminare lo scalogno, spegnere il fuoco, aggiungere un po' di brodo e unire il pecorino poco per volta mescolando energicamente. Si deve creare una bella cremina uniforme e vellutata. Se il riso risulta troppo asciutto, bagnare con altro brodo. In ultimo grattugiare la scorza del lime, mescolare ancora e servire in ogni piatto con un filo di olio e altro pepe.

SECONDO

BOCCONCINI DI PLATESSA CON CHIPS DI PATATE VIOLA

INGREDIENTI
4 PERSONE

400 g di filetti di platessa (freschi o surgelati)

4 patate viola

50 g di farina

50 g di farina di semola di grano duro

insalata qb

1 limone

1 l di olio di semi per friggere

sale

PREPARAZIONE

In una padella scaldare l'olio di semi.

Tagliare a bocconcini la platessa e marinare con qualche goccia di succo di limone. Sbucciare e affettare le patate viola con la mandolina in modo da ottenere dei petali sottili. In alternativa tagliarle con un coltello ben affilato o con il pelapatate.

Mescolare le 2 farine e infarinare sia la platessa sia le patate. Friggere in olio bollente prima le patate poi il pesce, salare e servire su un letto di insalata verde.

TEMPO
30'

SECONDO

BISTECCHE ALLA BIRRA E PATATE A VENTAGLIO

1 ora e 20 minuti – 4 persone

Disossare le sovracosce di pollo: con un coltellino affilato incidere la carne seguendo la linea dell'osso fino a staccarlo. Rifilare le sovracosce dando loro la forma delle bistecche. Salare la parte della pelle e insaporire l'altro lato con un mix di zucchero di canna, sale e pepe.

Mettere la carne a marinare in frigo e intanto preparare le patate. Senza sbucciarle, con un coltello affilato praticare dei tagli profondi a intervalli di circa 5 mm per tutta la loro lunghezza, senza mai arrivare in fondo: la patata infatti deve rimanere intera e aprirsi come un ventaglio. Il trucco è mettere uno spessore sotto al coltello, per esempio il manico di un altro coltello, che blocchi la lama in modo che non arrivi fino in fondo. Una volta pronte, metterle su una teglia e allargare i tagli delicatamente in modo che non siano troppo attaccate tra loro. Condire con abbondante sale e pepe. Inserire nei tagli un po' di timo, salvia e rosmarino e irrorare con l'olio, cercando di farlo penetrare. Cuocere in forno per 50 minuti circa a 180 °C.

Una volta pronte le patate preparare il pollo scaldando una padella antiaderente unta di olio. Fare rosolare le bistecche dalla parte della pelle fino a che non sono ben dorate e croccanti, girare la carne, sfumare con la birra e continuare a cuocere per una decina di minuti a fuoco dolce. Servire con il sughetto di cottura e le patate.

PIATTO UNICO

PIZZA DI SCAROLA E ACCIUGHE

INGREDIENTI
4 PERSONE

600 g di pasta per pizza già pronta
1 cespo di scarola
acciughe sott'olio (una decina)
2 burrate
1 spicchio di aglio
40 ml di olio extravergine
sale e pepe nero

PREPARAZIONE

Fare lievitare l'impasto per la pizza in un recipiente coperto, ci vorranno circa 40 minuti. Stenderlo su una placca foderata di carta forno formando un disco: lo si può fare con le mani o con il mattarello. Irrorare con un po' di olio distribuendolo bene su tutta la superficie della pizza aiutandosi con le dita.

Infornare per 10-15 minuti a 200-220 °C.

In una padella rosolare lo spicchio di aglio con un filo di olio e 4-5 acciughe, finché queste non si saranno sciolte dolcemente.

Nel frattempo lavare la scarola e tagliarla a striscioline, quindi metterla direttamente in padella con acciughe e aglio, cuocendola piano piano fino a che non sarà appassita. Basta salare pochissimo perché ci sono già le acciughe!

Tagliare le burrate a pezzetti.

Una volta cotta e sfornata, guarnire la pizza con la scarola. Aggiungere la burrata e le acciughe rimaste.

Completare con una spolverizzata di pepe nero.

TEMPO
1h
e 10min

FRUTTA SECCA:
È RICCA DI VITAMINA E, OMEGA 3
E SALI MINERALI COME
MAGNESIO E CALCIO.

CIBI BUONI
CHE FANNO BENE

LA DIETA MEDITERRANEA È RICCHISSIMA DI CIBI GUSTOSI E ALLO STESSO TEMPO NUTRIENTI.
ECCONE ALCUNI CON CUI POSSIAMO ARRICCHIRE I NOSTRI PIATTI!

OLIO EXTRAVERGINE DI OLIVA:
È MOLTO DIGERIBILE, RICCO DI ACIDI
GRASSI MONOINSATURI, AIUTA A TENERE
SOTTO CONTROLLO I LIVELLI
DI COLESTEROLO LDL (QUELLO CATTIVO).

PESCE AZZURRO (ALICI, SARDINE,
SGOMBRO, PESCE SPADA, TONNO):
RICCO DI IODIO, ACIDI GRASSI OMEGA 3,
FAVORISCE BASSI LIVELLI
DI COLESTEROLO NEL SANGUE.

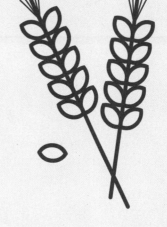

CEREALI (FRUMENTO, RISO INTEGRALE,
MAIS, AVENA, ORZO, FARRO):
SONO RICCHI DI FIBRE E VITAMINE DEL GRUPPO B.

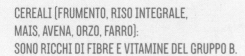

LEGUMI (LENTICCHIE, FAGIOLI, SOIA):
RICCHI DI PROTEINE VEGETALI CHE,
IN ABBINAMENTO AI CEREALI, FORNISCONO GLI
STESSI AMINOACIDI ESSENZIALI DELLA CARNE.

MINI QUICHE FORMAGGIO E ACCIUGHE

ANTIPASTO

PREPARAZIONE

Mescolare in una ciotola la robiola con la panna. Aggiungere anche lo stracchino, il parmigiano grattugiato, la noce moscata, il sale e il pepe. Unire il tuorlo e amalgamare il tutto.

Stendere la pasta brisée, ritagliare con il coppapasta o con un bicchiere dei dischi larghi circa 8 cm e rivestire la base dei pirottini da muffin già imburrati.

Riempire ogni mini quiche con la crema di formaggio e un pezzetto di acciuga. Cuocere in forno ventilato a 180 °C per circa 10-15 minuti.

TEMPO
30'

MICBURGER

PIATTO UNICO

INGREDIENTI
PER 1 HAMBURGER

1 michetta

200 g di carne trita di manzo

2 fette spesse di mozzarella di bufala

5 pomodorini

1 cucchiaio di pesto

1 cucchiaio di zucchero di canna

timo qb

olio extravergine

sale grosso e pepe

PREPARAZIONE

Mettere in padella i pomodorini interi con un goccio di olio, un pizzico di sale e lo zucchero. Devono solo caramellare, non cuocere troppo a lungo: basteranno pochi minuti. Appena diventano lucidi e glassati, toglierli dal fuoco e insaporire con un po' di timo.

Modellare la carne formando un hamburger, aiutandosi con un coppapasta o semplicemente con le mani.

Scaldare un'altra padella antiaderente con poco olio e una presa di sale grosso. Rosolare l'hamburger per 3-4 minuti su ogni lato a seconda di come si vuole la carne: più o meno al sangue. Quando ha raggiunto la cottura desiderata appoggiare sopra le fette di mozzarella. Abbassare il fuoco e mettere il coperchio, aspettando circa 30 secondi affinché la mozzarella incominci a sciogliersi. Tagliare a metà la michetta e farcirla con l'hamburger, il pesto e i pomodorini.

TEMPO
25'

ANTIPASTO

PANPATATA

Ingredienti

250 g di farina 00

200 g di patate novelle

250 g di ricotta

1 cucchiaiata di pinoli

½ bustina di lievito di birra disidratato

20 g di finocchietto selvatico

3-4 cucchiai di parmigiano

100 ml di olio extravergine

1 cucchiaino di zucchero

sale e pepe nero

1 ora e 30 minuti – 4 persone

Sciogliere il lievito in 125 ml di acqua tiepida. Mettere la farina in una ciotola con sale e zucchero. Unire l'acqua col lievito poco per volta e impastare fino a ottenere un panetto morbido ma non appiccicoso. Se necessario aggiungere altra acqua o farina. Lavorare l'impasto per 10 minuti a mano o in una planetaria e poi farlo riposare coperto per almeno 40 minuti.

Preparare il pesto di finocchietto: tritare nel vaso del mixer o con il frullatore a immersione il finocchietto, i pinoli, un pizzico di sale e l'olio.

Lavare le patate e tagliarle a fettine sottilissime con il pelapatate, senza sbucciarle.

In una ciotola a parte, mescolare il parmigiano grattugiato con la ricotta e il pepe.

Dividere l'impasto lievitato in tante palline della stessa grandezza, stenderle in modo da ottenere dei dischetti di circa mezzo centimetro di spessore e trasferirli su una teglia rivestita con carta forno.

Condire le focaccine con la crema di ricotta e le rondelle di patate. Completare con un filo di olio e un po' di sale.

Cuocere le pizzette in forno a 200 °C per 15 minuti.

Una volta pronte, condire con il pesto e servire.

PIATTO
UNICO

PAELLA DI PESCE

Ingredienti

250 g di riso Carnaroli	1 scalogno
1 kg di cozze fresche e pulite	1 bicchiere di vino bianco
1 kg di vongole veraci	1-2 spicchi di aglio
1 calamaro	1 bustina di zafferano
6 scampi	1 mazzetto di prezzemolo
100 g di piselli surgelati	olio extravergine
½ peperone	sale e pepe bianco
100 g di pomodorini	

50 minuti – 4 persone

In una pentola alta, fare un soffritto con 1 o 2 spicchi di aglio e un goccio di olio, mettere i molluschi con un po' di prezzemolo e il vino, coprire con il coperchio e far aprire tutti i gusci.

Nel frattempo affettare lo scalogno e tagliare a pezzetti il peperone. Metterli a rosolare nella padella da paella (una padella normale bella grande) con un filo di olio. Pulire e affettare il calamaro ad anelli e unire anche questi.

Una volta aperti i molluschi, sgusciare cozze e vongole lasciandone con il guscio solo alcune che serviranno per la decorazione. Togliere l'aglio, filtrare il liquido di cottura con un colino e tenerlo da parte.

Nella padella aggiungere il riso e tostarlo con gli altri ingredienti, poi incominciare a bagnare con il liquido dei molluschi, unire i piselli e continuare a cuocere e bagnare man mano che il brodo si asciuga. Dopo 10 minuti unire lo zafferano, le cozze e le vongole sgusciate e i pomodorini tagliati a metà. Quando il riso è quasi pronto alzare la fiamma e mettere i molluschi con il guscio e gli scampi crudi a raggiera sulla padella, in modo che si cuociano con il solo vapore, e terminare la cottura senza mescolare ulteriormente. È bello che la base di riso si caramelli un po', diventando persino croccante sui bordi. Quando il riso è pronto spegnere il fuoco, aggiungere il prezzemolo tritato, un po' di pepe e un filo di olio. Aspettare qualche minuto e servire.

NIDI DI AGRETTI CON UOVA POCHÉ

SECONDO

INGREDIENTI
4 PERSONE

400 g di agretti
2 uova
2 fette di pane di Altamura
acciughe sott'olio qb
1 peperoncino fresco
1 spicchio di aglio
olio extravergine
sale e pepe

PREPARAZIONE

Pulire gli agretti eliminando la radice. Cuocerli in acqua bollente salata per 5 minuti circa, dovranno risultare al dente. Scolare e tenere da parte.

Far tostare le fette di pane in padella con un po' di olio su entrambi i lati in modo che diventino ben dorate.

Rosolare gli agretti in padella con aglio, olio e peperoncino a rondelle fino a che non si insaporiscono. Si può utilizzare la stessa padella dove era stato tostato il pane.

Preparare l'uovo poché: foderare una ciotolina con la pellicola per alimenti e spennellare con un po' di olio. Rompere il guscio e versare delicatamente l'uovo nella pellicola. Mettere un pezzetto di acciuga e chiudere la pellicola facendo un piccolo sacchettino ben sigillato. Cuocere per 3-4 minuti nell'acqua bollente.

Arrotolare gli agretti come un nido di pasta aiutandosi con una forchetta e sistemarli sul pane. Tirare fuori l'uovo dall'acqua con l'aiuto di una schiumarola, liberarlo delicatamente dalla pellicola e sistemarlo sul nido. Completare con sale, pepe e rondelle di peperoncino.

TEMPO
20'

31

SECONDO

ROSTICCIANA AL VIN SANTO

Ingredienti

1 kg di costine
di maiale incise
ma non separate

1 bicchiere colmo
di Vin Santo

500 g di piselli
freschi sgranati

2 cucchiai colmi
di senape

1-2 cucchiai di miele

2 arance

menta qb

olio extravergine

sale e pepe

1 ora e 15 minuti – 4 persone

Mettere le costine ancora attaccate le une alle altre su una teglia foderata di carta forno, bagnarle con un filo di olio e innaffiarle generosamente con il Vin Santo. Salare e pepare. Se si ha tempo, dopo aver bagnato la carne la si può fare marinare in frigo per qualche ora prima di cuocerla.

Infornare a 190 °C per 50 minuti. Se le costine tendono a bruciare si possono coprire con un po' di carta stagnola.

Far lessare i piselli in acqua salata per 10 minuti circa. Scolarli e frullarli con il frullatore a immersione insieme a 5-6 foglie di menta e 50 ml di olio. Assaggiare e regolare di sale e menta, se necessario. Non deve essere una purea liscia ma leggermente grossolana e rustica.

Quando le rosticciane sono cotte e morbide è il momento della glassatura. Unire in una ciotola senape, miele e il succo di un'arancia.

Tirare fuori la teglia dal forno, spennellare generosamente le costine con questa salsa e infornare di nuovo per altri 10 minuti.

Sfornare le costine, separarle con un coltello e servirle con la purea di piselli e qualche fettina di arancia.

ANTIPASTO

TRECCIA INTEGRALE CON MOUSSE DI SALMONE

Ingredienti

Per la treccia

350 g di farina integrale

150 g di farina Manitoba

100 g di burro

150 ml di latte

75 g di zucchero

2 uova

1 cubetto di lievito di birra fresco

1 cucchiaio di miele

1 limone non trattato

olio extravergine

1 cucchiaio di sale

Per la mousse

150 g di salmone affumicato

100 g di ricotta

erba cipollina qb

2 cucchiai di panna fresca

2 ore e 30 minuti – 6 persone

Sciogliere il burro. Mescolarlo in una ciotola con il latte, un cucchiaio di miele, il lievito e lo zucchero.

Aggiungere le farine e impastare brevemente. Unire i 2 tuorli e la scorza grattugiata del limone. Unire anche un cucchiaio di sale e continuare a impastare per 10 minuti a mano o nella planetaria fino a che non si ottiene un bel panetto liscio e dalla consistenza plastica. Coprirlo e farlo lievitare per almeno un'ora.

Una volta lievitato, dividere l'impasto in 3 e formare altrettanti rotoli. Sistemarli paralleli l'uno all'altro sulla placca coperta di carta forno, unirli a una estremità, intrecciarli e chiuderli in fondo. Spennellare con l'albume e un goccio di latte, quindi far lievitare la treccia nella teglia per altri 30 minuti.

Nel frattempo, preparare la mousse frullando brevemente il salmone con la ricotta, l'erba cipollina e la panna: deve rimanere un composto non omogeneo.

Cuocere la treccia in forno statico a 180 °C per circa mezz'ora, coprendo a metà cottura con la carta stagnola.

Una volta pronta, servirla insieme alla mousse.

DOLCE

PIZZA PASQUALE

Ingredienti

500 g di farina	**Aromi**
150 g di zucchero	1 limone non trattato
4 uova	1 arancia non trattata
100 ml di latte	1 bustina di vanillina
80 g di strutto	1 cucchiaino di cannella
20 g di burro	noce moscata
20 g di lievito di birra fresco	1 bicchierino di alchermes
olio extravergine	

1 ora + 3 ore di lievitazione – 6-8 persone

Sciogliere il lievito di birra nel latte tiepido, unire 100 g di farina e impastare per 10 minuti. Lasciare questo impasto a lievitare coperto per un'ora.
Intanto in una ciotola unire tutti gli aromi: versare l'alchermes con la vanillina, la cannella, un pizzico di noce moscata e la scorza di arancia e limone.
A parte, in un altro recipiente, rompere le uova e sbatterle con lo zucchero. Aggiungere la restante farina e incominciare a impastare. Unire anche gli aromi e poi il burro e lo strutto ammorbiditi. Quando questo impasto sarà ben amalgamato aggiungere quello già lievitato per un'ora e impastare ancora. Trasferire il tutto nella tortiera imburrata. Coprire con la pellicola per alimenti unta di olio e far lievitare per altre 2 ore.
Togliere la pellicola e infornare a 180 °C per 30 minuti. A metà cottura, coprire con la carta stagnola in modo che non bruci. Servire tiepida o fredda.

ORATA ALL'ACQUA PAZZERELLA

SECONDO

INGREDIENTI
2 PERSONE

- 150 g di linguine
- 2 filetti di orata
- 300 g di pomodorini
- 1 rametto di prezzemolo
- ½ bicchiere di vino bianco
- 2 spicchi di aglio
- peperoncino in polvere qb
- 1 limone non trattato
- 2 cucchiai di olio extravergine
- sale e pepe

PREPARAZIONE

Rosolare in padella i filetti di orata con un po' di olio, uno spicchio di aglio e qualche pomodorino tagliato a metà. Sfumare con il vino e mezzo bicchiere di acqua. Condire con prezzemolo, pepe e sale, mettere il coperchio e far cuocere per 10 minuti circa.

Disporre in un piatto i 2 filetti con un po' di pomodorini e di sughetto.

Con il sugo avanzato si possono condire delle linguine. Mentre cuociono in acqua salata bollente, nella padella delle orate, dove è avanzato il sughetto di cottura, unire il succo e la scorza del limone e il peperoncino, quindi riaccendere il fuoco facendo insaporire per un minuto, allungando il tutto con un mestolo di acqua di cottura della pasta. Scolare le linguine molto al dente e finire la cottura in padella, se necessario allungando il sugo con altra acqua di cottura.

TEMPO
40'

PIZZA IN PIEDI

INGREDIENTI
4 PERSONE

300-400 g di pasta per pizza già pronta

100 g di passata di pomodoro

100 g circa di mozzarella per pizza

1 confezione di patatine Smile

origano qb

stecchi da gelato

PREPARAZIONE

Far lievitare l'impasto della pizza per almeno 40 minuti. Stenderlo poi su un tagliere infarinato e tirarlo con il mattarello a uno spessore di circa 1 cm. Ritagliare delle strisce di impasto larghe circa 3 dita. Ricoprirle di passata di pomodoro, unire anche la mozzarella a pezzetti e l'origano. Arrotolare ogni striscia come fosse una girella senza far fuoriuscire la farcia. Schiacciare leggermente e infilzare la rotella nello stecco. Sistemare tutte le rotelle sulla placca del forno, irrorarle con un po' di olio e cuocere a 200 °C per 15-20 minuti.

Servire le pizzette insieme alle patatine Smile cotte in forno a 220 °C per 12-15 minuti o seguendo le indicazioni sulla confezione.

TEMPO
1h

FARFALLE PECORINO E FAVE

PRIMO

INGREDIENTI
4 PERSONE

300 g di farfalle o altra pasta corta
80 g di pecorino sardo
100 g di fave sgranate fresche
200 g di pomodorini
2 spicchi di aglio
basilico qb
olio extravergine
sale e pepe

TEMPO
30'

PREPARAZIONE

Cuocere la pasta in abbondante acqua bollente salata.
Sbucciare e schiacciare gli spicchi di aglio e rosolarli leggermente in una padella con l'olio.
Mettere direttamente in padella le fave senza bollirle.
Insaporirle con l'aglio, aggiungere mezzo bicchiere di acqua e cuocerle per soli 5 minuti, lasciandole croccanti.
Unire i pomodorini, un po' di foglie di basilico e un pizzico di sale e cuocere per qualche altro minuto.
Scolare la pasta e versarla nella padella con le fave, in modo che si insaporisca. Spegnere il fuoco, aggiungere il pecorino a scaglie e un po' di acqua di cottura e mantecare la pasta creando una bella salsina cremosa. Completare con il pepe.

SECONDO

COSTOLETTE DI AGNELLO E CARCIOFI

Ingredienti

800 g di costolette di agnello

2 carciofi

80 g di pistacchi

2 frutti della passione

20 g di pangrattato

2 spicchi di aglio

rosmarino qb

salvia qb

1 limone non trattato

olio extravergine

sale e pepe

45 minuti – 4 persone

Insaporire le costolette strofinando gli spicchi di aglio sulla carne. Mettere le costolette a marinare in una casseruola con l'aglio, l'olio, la salvia e il rosmarino e lasciare coperte in frigo anche solo per 10 minuti, meglio per un'oretta. Intanto preparare la panatura: tritare i pistacchi, mescolarli con il pangrattato e, per una nota di freschezza, aggiungere la scorza grattugiata del limone. Impanare la carne direttamente, senza passarla prima nell'uovo, premendo bene con le mani in modo che si formi una bella crosta compatta. Ungere con un po' di olio una teglia ricoperta di carta forno, sistemare l'agnello, condire ogni costoletta con un altro filo di olio e cuocere in forno ventilato a 200 °C per 5-10 minuti, a seconda che si preferiscano ancora rosa all'interno o ben cotte. Nel frattempo, preparare un'insalatina. Pulire i carciofi: eliminare le foglie esterne più dure fino a scoprire le prime tenere. Tagliare le punte quindi dividerli in 4 spicchi e con un coltellino eliminare la peluria interna. Infine tagliarli a fettine sottili e metterli in acqua e limone in modo che non anneriscano. Scolare i carciofi, condirli con olio, sale, pepe e la polpa dei frutti della passione. Salare le costolette e servirle accompagnandole con l'insalatina di carciofi.

BRIE BURGER

INGREDIENTI
PER 1 HAMBURGER

1 panino per hamburger

200 g di carne trita di vitello

2 fette di brie

50 g di spinacini

3 scalogni

birra qb

1 cucchiaio di zucchero di canna

farina qb

rosmarino qb

olio extravergine

sale e pepe

PREPARAZIONE

TEMPO 20'

Tagliare lo scalogno ad anelli sottili e rosolarlo in padella con un po' di olio. Quando è leggermente dorato, sfumarlo con la birra, lasciare evaporare e poi aggiungere lo zucchero di canna e far caramellare fino a che non diventa lucido e glassato. Spegnere il fuoco.

Tritare il rosmarino. Aromatizzare la carne macinata con il rosmarino e il pepe. Formare l'hamburger modellandolo con le mani o con un coppapasta e infarinarlo leggermente per farlo rosolare meglio.

Cuocere in padella l'hamburger con un filo di olio e il sale. Quando è cotto al punto giusto, coprirlo con le fette di brie, mettere il coperchio e spegnere il fuoco. Attendere 2 minuti circa in modo che il formaggio incominci a sciogliersi, poi appoggiare sul pane gli spinacini, la carne, completare con gli scalogni caramellati e servire.

PRIMO

RISOTTO AI CARCIOFI

Ingredienti

350 g di riso

2 carciofi

1 scalogno

100 g di stracchino

30 g di parmigiano

1 rametto di timo

farina qb

olio di semi
per friggere

sale

Per il brodo

dado granulare
vegetale qb

oppure

1 carota

1 cipolla

1 costa di sedano

40 minuti + il tempo di preparazione del brodo – 4 persone

Preparare il brodo di verdure facendo bollire la carota, la cipolla e il sedano per circa 40 minuti oppure facendo sciogliere il dado in acqua bollente.

Tritare lo scalogno e pulire i carciofi: separare i gambi e tenerli da parte. Eliminare le foglie esterne più dure fino a scoprire le prime tenere. Tagliare le punte quindi dividerli in 4 spicchi e con un coltellino eliminare la peluria interna. Infine tagliare a fettine sottilissime. Metterle a bagno in una bacinella con acqua e limone. Per la cottura del risotto andranno usati solo i gambi: dopo averli raschiati bene, tagliarli a pezzetti molto piccoli e rosolarli in padella con lo scalogno e poco olio.

Mettere il riso, farlo tostare e salare. Sfumare con il brodo e aggiungere il rametto di timo. Durante la cottura, unire brodo man mano che evapora.

Scolare i carciofi, asciugarli e infarinarli. Fare scaldare abbondate olio di semi in un'altra padella e quando è a temperatura friggerli per pochi secondi. Scolarli subito sulla carta da cucina.

A fine cottura del risotto, dopo circa 15 minuti, aggiungere lo stracchino e il parmigiano. Mantecare a fuoco spento e togliere il rametto di timo. Il risotto deve rimanere molto cremoso, quindi se necessario aggiungere insieme allo stracchino altro brodo per lasciarlo bene all'onda.

Impiattare decorando con i carciofi croccanti.

LA SINDROME DA CARRELLO VUOTO

LA SINDROME DA CARRELLO VUOTO PRIMA O POI COLPISCE TUTTI. SIAMO AL SUPERMERCATO CIRCONDATI DA METRI E METRI DI SCAFFALI E I PENSIERI SI AFFOLLANO NELLA MENTE: "QUESTO LO ABBIAMO MANGIATO IERI MA NON È PIACIUTO", "QUESTO NO PERCHÉ FA INGRASSARE", "ODDIO MA QUESTO QUANTO COSTA?!", "QUESTO NON LO VORRÀ NESSUNO, RESTERÀ IN FRIGO A MARCIRE PER UN MESE E TOCCHERÀ MANGIARLO A ME QUANDO SARÀ GIÀ SCADUTO" E COSÌ VIA. COME USCIRNE? CI SONO DIVERSI METODI PER SUPERARE IL "BLOCCO".

– CAMBIARE SUPERMERCATO. BANCONI NUOVI, DISPOSIZIONI DIVERSE STIMOLANO IMMEDIATAMENTE LA FANTASIA E LA CREATIVITÀ. MEGLIO ANCORA ANDARE AL MERCATO VERO E PROPRIO, CON LE BANCARELLE SULLA STRADA CHE CI FARANNO VENIRE SUBITO TANTISSIME IDEE.

– PRIMA DI FARE LA SPESA RITAGLIARSI DIECI MINUTI PER SFOGLIARE UN LIBRO DI CUCINA, UNA RIVISTA O UN BLOG ONLINE. ANCHE SENZA COPIARE UNA DELLE RICETTE CONSIGLIATE, IMMEDIATAMENTE CI VERRÀ IN MENTE QUEL PIATTO CHE NON FACEVAMO PIÙ DA TANTO TEMPO E CHE CI PIACEVA TANTO.

– FOCALIZZARSI SUI GUSTI DI UN COMPONENTE DELLA FAMIGLIA E CREARE UN MENU AD HOC. DEDICARE UN MENU AL GIORNO PER OGNI FAMILIARE.

FUSILLI MELANZANE E OMBRINA

PRIMO

INGREDIENTI
4 PERSONE

300 g di fusilli
1 melanzana
300 g di ombrina
1 cipollotto
vino bianco qb
1 spicchio di aglio
20 foglie di basilico
peperoncino in polvere qb
olio extravergine
sale

PREPARAZIONE

Tagliare la melanzana a cubetti piccoli e tritare il cipollotto tenendo da parte un po' del verde.
Rosolare in padella l'aglio con olio e peperoncino, poi aggiungere il cipollotto e le melanzane e cuocere a fuoco dolce fino a che queste non saranno morbide e burrose: ci vorrà almeno una ventina di minuti.
Lessare i fusilli in abbondante acqua bollente salata.
Intanto tagliare a trancetti il pesce e aggiungerlo alle melanzane ancora sul fuoco. Salare e sfumare con un po' di vino, portando a cottura.
Frullare il basilico e un pezzetto della parte verde del cipollotto con un po' di acqua di cottura della pasta e qualche cucchiaio di olio, fino a ottenere un'emulsione.
Scolare la pasta al dente, metterla in padella con l'ombrina e le melanzane e fare insaporire il tutto per qualche minuto. Servire e completare con l'emulsione.

TEMPO
40'

PENNETTE STRACCIATELLA E PUNTARELLE

PRIMO

INGREDIENTI
4 PERSONE

300 g di pennette ai 5 cereali
1 stracciatella
150 g di puntarelle
4-5 acciughe sott'olio
1 peperoncino fresco
1 spicchio di aglio
olio extravergine
sale

TEMPO
40'

PREPARAZIONE

Preparare le puntarelle: eliminare la base legnosa di ogni cimetta, tagliarla a metà per il lungo e poi tagliare ancora a striscioline, sempre per il lungo.

In una pentola capiente, far bollire abbondante acqua salata e sbollentarvi le puntarelle per pochi minuti. Trascorso questo tempo, scolarle con una schiumarola conservando l'acqua da usare per cuocere la pasta.

Fare un soffritto con aglio, olio, acciughe e peperoncino a pezzi e lasciare rosolare dolcemente fino a che le acciughe non si sciolgono. Unire anche le puntarelle e farle insaporire.

Quando la pasta è pronta, scolarla e farla saltare in padella con il sugo di puntarelle. Servire appoggaindo su ogni piatto un po' di stracciatella e qualche rondella di peperoncino.

ANTIPASTO

MILLEFOGLIE DI FARINATA

Ingredienti

Per la farinata	Per la salvia fritta
250 g di farina di ceci	foglie di salvia qb
prosciutto crudo qb	birra qb
1 rametto di rosmarino	100 g di farina
70 ml di olio extravergine	1 cucchiaino di lievito per torte salate
pepe	olio di semi per friggere

50 minuti – 4 persone

Mettere la farina di ceci in una terrina. Versare poco alla volta 700 ml di acqua, mescolando con una frusta a mano per evitare di creare grumi. Aggiungere anche l'olio e gli aghetti di rosmarino. Far riposare per mezz'ora.

Trascorso questo tempo, foderare una placca con carta forno e versare il composto. Infornare con funzione grill per 5-10 minuti a 220 °C, fino a che la farinata non si è ben dorata in superficie.

Preparare intanto la salvia fritta. Per la pastella, in una ciotola mescolare il lievito e la farina, poi versare tanta birra quanta ne serve per ottenere una pastella cremosa e liscia. Scaldare abbondante olio in padella, immergere le foglie di salvia nella pastella e poi friggerle nell'olio.

Sfornare la farinata e tagliarla a losanghe.

Comporre i millefoglie sovrapponendo in maniera irregolare le fette di farinata e il prosciutto crudo, alternati.

Servire con le foglie di salvia fritte, qualche foglia di salvia fresca e, come ultimo tocco, una macinata di pepe.

PRIMO

TAGLIATELLE CON RAGÙ DI PESCE

Ingredienti

250 g di tagliatelle	concentrato di pomodoro qb
200 g di filetti di trota salmonata	3 cucchiai di mandorle a lamelle
300 g di filetti di merluzzo	3 acciughe sott'olio
1 costa di sedano	rosmarino qb
1 cipolla rossa	timo qb
1 carota	olio extravergine
pomodorini qb	sale e pepe

30 minuti – 4 persone

Tritare la cipolla, il sedano e la carota e fare un soffritto con un po' di olio, le acciughe, il concentrato di pomodoro, il rosmarino e una macinata di pepe.
Tagliare il merluzzo e la trota salmonata a pezzettini e aggiungerli al soffritto per farli insaporire bene.
Tagliare i pomodorini e mettere anche questi in padella: abbassare il fuoco e continuare a cuocere per una decina di minuti.
Nel frattempo, lessare le tagliatelle in abbondante acqua bollente salata.
In un altro padellino, tostare le mandorle con un po' di timo.
Scolare le tagliatelle tenendo da parte un po' di acqua di cottura, trasferirle nella padella con il ragù di pesce e farle insaporire a fuoco vivace. Se necessario aggiungere un po' di acqua di cottura.
Impiattare guarnendo con le mandorle.

SECONDO

INVOLTINI DI TONNO

INGREDIENTI
2 PERSONE

• • • • • • • • • • • • • • • • • • • •

200 g di tonno a fettine sottili

50 g di pecorino

50 g di caciocavallo fresco

3 fette di pane in cassetta

1 cucchiaio di uvetta

2 cucchiai di pinoli

1 cucchiaio di capperi

1 spicchio di aglio

1 mazzetto di prezzemolo

pangrattato qb

olio extravergine

PREPARAZIONE

• •

Tagliare il pane a pezzetti e tostarlo in padella con un goccio di olio, i pinoli, i capperi, l'uvetta e l'aglio schiacciato.

Quando tutto si è ben insaporito, togliere l'aglio e versare il resto nel vaso del mixer. Aggiungere il pecorino grattugiato e il caciocavallo tagliato a cubetti, un po' di prezzemolo e frullare.

Stendere le fettine di tonno, farcirle con un po' del composto tritato e chiudere a involtino fermando con uno stuzzicadenti lungo.

Passare gli involtini prima nell'olio e poi nel pangrattato, quindi rosolarli in padella con un altro goccio di olio per pochi minuti su entrambi i lati, mantenendo il fuoco basso.

Questi involtini sono perfetti anche come antipasto (con queste dosi, per 4 persone).

TEMPO
30'

ROSE-GOLOSE

ANTIPASTO

INGREDIENTI
6 PERSONE

130 g di Emmental
100 ml di panna fresca
4 uova
rucola qb
bresaola qb
senape qb
sale

PREPARAZIONE

In una ciotola sbattere le uova con la panna. Unire il formaggio grattugiato con la grattugia a fori larghi, aggiungere un pizzico di sale e completare con una cucchiaiata di senape.

Versare il composto nei pirottini a forma di rosa imburrati, riempiendoli per tre quarti, e infornare a 180 °C per una ventina di minuti. Se non avete a disposizione uno stampo di silicone a forma di rosa va bene anche quello classico dei muffin, imburrato.

Una volta raffreddate completamente, sformare le roselline, tagliarle in 2 come un sandwich e farcirle con rucola e bresaola. Le rose-golose sono buone anche con salame, salmone o verdure grigliate.

Terminare chiudendole con uno stecchino da aperitivo.

TEMPO
40'

PRIMO

PASTA PATATE E 'NDUJA

INGREDIENTI
4 PERSONE

- 300 g di rigatoni
- 2 patate
- 30 g di 'nduja
- 40 g di pomodorini secchi
- 2 cucchiai abbondanti di mandorle a lamelle
- basilico qb
- sale

PREPARAZIONE

Sbucciare le patate, tagliarle a cubetti piccoli e farle lessare insieme alla pasta in acqua bollente salata. Attenzione, per questo è importante tagliarle piccole: devono avere lo stesso tempo di cottura dei rigatoni.

Per il sugo: tritare i pomodorini secchi. Tostare le mandorle in padella, poi metterle da parte. Nella stessa padella mettere i pomodorini secchi con un po' di acqua di cottura della pasta e la 'nduja: i pomodorini si devono ammorbidire e la 'nduja si deve sciogliere.

Scolare le patate e la pasta e far saltare il tutto in padella insieme al sugo in modo che si insaporisca per bene. Completare con le mandorle e il basilico.

TEMPO 20'

(PRIMO)

GNOCCHETTI DI MARE

Ingredienti

1 filetto di baccalà dissalato e ammollato (150 g circa)

150 g di patate

150 g di farina

pomodorini qb

acciughe sott'olio

1 spicchio di aglio

timo qb

olio extravergine

sale

1 ora – 2 persone

Lessare le patate con la buccia e, quando sono ben morbide, sbucciarle e schiacciarle con lo schiacciapatate. Metterle in una ciotola e lasciarle un po' intiepidire.

Nel frattempo, tagliare a pezzi il filetto di baccalà e rosolarlo in padella con un po' di olio. Quando è cotto, frullarlo e unirlo alle patate.

Impastare gli gnocchi incorporando man mano la farina. Non metterla subito tutta, perché a seconda del tipo di patata e baccalà può variare la quantità necessaria.

Salare leggermente. Confezionare gli gnocchi facendo dei rotolini larghi come un dito. Con un coltello affettarli ricavando gli gnocchetti.

In una padella rosolare l'aglio con l'olio e le acciughe fino a che non si sono sciolte. Unire i pomodorini tagliati.

Intanto cuocere gli gnocchetti in acqua salata bollente: scolarli con una schiumarola quando tornano a galla e unirli al sughetto.

Insaporire per pochi minuti aggiungendo al sugo anche un po' di timo.

SECONDO

TEMPURA

Ingredienti

12 gamberi sgusciati ma con l'ultima parte del carapace ancora intatta (la coda)

1 peperone verde

200 g di farina

30 g di farina di riso

1 uovo

1 ciotola di cubetti di ghiaccio

acqua frizzante qb

olio di semi per friggere

sale

30 minuti – 3 persone

Tagliare il peperone ad anelli.

Incidere leggermente i gamberi in corrispondenza delle pieghe sulla pancia in maniera che in cottura restino dritti.

Preparare la pastella: appoggiare una ciotola sopra a un'altra ciotola più grande, piena di ghiaccio, in modo da mantenere la pastella molto fredda. Mescolare le farine e unire l'uovo. Aggiungere l'acqua frizzante fredda, tanto quanto basta per avere un composto un po' più liquido di una pastella normale. Da tradizione, la pastella del tempura si mescola con le bacchette, così da lasciare volutamente qualche grumo nell'impasto.

Scaldare l'olio di semi in padella e aspettare che diventi bollente. A questo punto, immergere i pezzi di peperone prima nella pastella e poi nell'olio. Quando iniziano a dorare, scolarli e appoggiarli su un foglio di carta da cucina. Ripetere l'operazione con i gamberi, immergendoli prima nella pastella e poi nell'olio.

Salare e servire subito.

SECONDO

ROTOLO DI SPINACI

Ingredienti

500 g di spinacini

200 g di formaggio spalmabile

200 g di salmone affumicato

100 g di parmigiano

50 g di crème fraîche (oppure di robiola)

5 uova

burro qb

latte qb

noce moscata qb

1 limone non trattato

sale

45 minuti – 4-6 persone

Fare appassire gli spinacini in padella con una noce di burro. Salarli leggermente. Una volta pronti, strizzarli e tritarli nel mixer.

Mescolarli con le uova, il parmigiano grattugiato, la crème fraîche (o la robiola) e una grattugiata di noce moscata.

Versare la crema di spinaci su una placca foderata con la carta forno e cuocere nel forno ventilato a 180 °C per 15 minuti.

Nel frattempo preparare la crema di farcitura: mescolare il formaggio spalmabile con 1-2 cucchiai di latte e la scorza di limone grattugiata.

Sformare la teglia di frittata e, quando è tiepida, spalmarci sopra la farcia di formaggio e completare con le fette di salmone.

Arrotolare la frittata di spinaci lasciandola sopra la carta forno in modo da aiutarsi con la carta per chiudere bene il rotolone. Lasciarlo avvolto nella carta fino a che ha preso la forma. Tagliarlo a fette e servire.

SECONDO

BACCALÀ CROCCANTE

INGREDIENTI
4 PERSONE

400 g di baccalà dissalato e ammollato

2 zucchine

4 fette di pane di segale croccante

1 fetta di pane in cassetta

½ bicchiere di latte

farina qb

1 spicchio di aglio

100 ml di olio extravergine

olio di semi per friggere

sale

PREPARAZIONE

Tagliare a pezzi il baccalà e metterlo in padella con mezzo bicchiere di acqua, il latte e lo spicchio di aglio. Non salare: è un pesce già salato di suo.

Cuocere per 20 minuti a fuoco medio. Quando è pronto, trasferirlo nel vaso del mixer con il suo liquido di cottura, il pane in cassetta e l'olio. Secondo i gusti, si può togliere lo spicchio di aglio oppure frullare anche quello, magari non intero ma solo una metà. Tenere da parte il baccalà mantecato così ottenuto.

Per il fritto: grattugiare con la grattugia a fori larghi le zucchine in una ciotola e infarinarle bene.

Fare scaldare in una padella almeno mezzo litro di olio di semi. Quando arriva a temperatura, immergerci per pochi secondi le zucchine. Scolarle sulla carta da cucina e condirle con il sale.

Servire ogni fetta di pane di segale tostato con il baccalà frullato e le microchips di zucchine.

TEMPO
40'

73

PASTA FREDDA

PRIMO

INGREDIENTI
4 PERSONE

300 g di farfalle integrali

1 calamaro di media grandezza
(150-200 g circa)

200 g di friggitelli

150 g di pomodorini

1 cipolla rossa

1 manciata di olive taggiasche
denocciolate

olio extravergine

sale

PREPARAZIONE

Lessare la pasta in acqua salata.
Fare un soffritto con la cipolla tritata e l'olio, poi unire
i friggitelli tagliati sottili. Salarli leggermente e aggiungere un po' di acqua di cottura della pasta in modo da
ammorbidirli.
Tagliare il calamaro ad anelli sottili e unirli al soffritto
di friggitelli, alzando il fuoco e facendo cuocere solo per
pochi minuti: in questo modo il calamaro si manterrà
tenero.
Scolare la pasta molto al dente e versarla in padella
a fuoco spento. Mescolarla bene per insaporirla con il
sugo di calamaro e friggitelli. Versare tutto in una ciotola, unire i pomodorini tagliati a metà o a spicchi, le olive
taggiasche e un filo di olio. Lasciare che la pasta si raffreddi e che tutti i sapori si uniscano tra loro, prima di
servirla.

TEMPO
30'

PASTA AI 3 PEPERONI

PRIMO

INGREDIENTI
4 PERSONE

320 g di paccheri
3 peperoni (1 giallo, 1 rosso e 1 verde)
200 g di robiola
menta o basilico qb
olio extravergine
sale e pepe

TEMPO
30'

PREPARAZIONE

Tagliare il peperone rosso e quello giallo a spicchi o quadrotti. Metterli su una teglia rivestita di carta forno con
un goccio di olio e cuocerli a 200 °C per circa 20 minuti
fino a che non sono ben abbrustoliti e morbidi.
Lessare la pasta in acqua bollente salata.
Tagliare a pezzi piccoli, tipo brunoise, il peperone verde
e rosolarlo in padella per pochi minuti con un filo di olio.
Trasferire i peperoni cotti al forno nel vaso del mixer con
la robiola, un po' di acqua di cottura della pasta e qualche foglia di menta (in alternativa, sostituire con il basilico), fino a ottenere una crema. Aggiustare di sale.
Scolare la pasta e condirla con questa crema. Completare con i peperoni verdi a pezzetti, olio e pepe.

77

TRE CONSIGLI DI BENEDETTA

CUCINARE INSIEME RENDE I PIATTI PIÙ GUSTOSI. ECCO PERCHÉ PER ME UNO DEI MOMENTI PIÙ BELLI DELLA GIORNATA È QUANDO *VERSO SERA I MIEI FIGLI VENGONO IN CUCINA* E FANNO I COMPITI MENTRE PREPARO LA CENA. STUDIANDO FIUTANO I PROFUMI E, SE FINISCONO PRESTO, A VOLTE MI AIUTANO. È IMPORTANTE CHE SI RENDANO CONTO CHE DIETRO A OGNI PIATTO C'È UN LAVORO PAZIENTE E PRECISO. FA PARTE DELLA LORO CULTURA... QUASI COME UNA PAGINA DI STORIA!

PER SCORAGGIARE LE LAMENTELE E MOVIMENTARE IL MENU, HO ATTACCATO AL FRIGO *UNA GRIGLIA CON I NOMI DEI COMPONENTI DELLA FAMIGLIA.* DURANTE L'ANNO OGNUNO SCRIVE I PIATTI CHE VORREBBE MANGIARE, A MANO A MANO CHE VENGONO CUCINATI SI CANCELLANO E SE NE SEGNANO DI NUOVI. QUESTO METODO MI SERVE PER TROVARE NUOVE ISPIRAZIONI E RICORDARMI VECCHI PIATTI CHE AVEVO DIMENTICATO.

SCORDIAMOCI PRIMO E SECONDO! A MENO CHE IO NON ABBIA UN PRANZO FORMALE, PORTO TUTTI I CIBI IN TAVOLA INSIEME. PER LA CUOCA È UN GRAN VANTAGGIO PERCHÉ SI PUÒ GODERE LA CENA TRANQUILLA E PER I COMMENSALI È UN INCENTIVO A MANGIARE IN MODO BILANCIATO. AVENDO OGNI PORTATA SOTT'OCCHIO POSSONO OPTARE PER UN ASSAGGIO DI TUTTO OPPURE RINUNCIARE A QUALCOSA PER POTER ABBONDARE DI QUALCOS'ALTRO, SENZA ALZARSI APPESANTITI.

SPAGHETTI CON CAPESANTE

PRIMO

INGREDIENTI
3 PERSONE

250 g di spaghetti ai 5 cereali
7 capesante
1 bottarga di muggine
100 g di pomodorini
1 spicchio di aglio
1 limone non trattato
burro qb
sale

PREPARAZIONE

Togliere le capesante dai gusci, conservandoli per la decorazione finale. Tagliare la noce e il corallo a fettine sottili e rosolarli in padella con il burro e l'aglio. Il burro deve diventare color nocciola, ben saporito.

Grattugiare la bottarga in una ciotola, tenendone una piccola parte per l'impiattamento.

Lessare la pasta. Quando è pronta, scolarla, conservando un po' di acqua di cottura, e unirla alle capesante, facendo insaporire a fuoco basso per un minuto.

Togliere dalla fiamma, unire la bottarga grattugiata e poco per volta l'acqua di cottura tenuta da parte, mescolando a lungo fino a che la bottarga non si sarà sciolta creando un meraviglioso sughino cremoso (il principio è lo stesso della pasta cacio e pepe, ma invece del formaggio si scioglierà la bottarga).

Completare con una spruzzata di limone e pochissima scorzetta grattugiata.

Impiattare con i pomodorini tagliati a pezzetti e la bottarga rimasta, decorando con le conchiglie delle capesante.

TEMPO
30'

81

SECONDO

SPEZZATINO NOCCIOLE E CIPOLLINE

Ingredienti

1 kg di vitello a pezzi

80 g di nocciole

2 scalogni

100 ml di latte

farina qb

1 bicchierino di Marsala

1 foglia di alloro

timo qb

nocciole (facoltativo)

olio extravergine

sale e pepe

Per le cipolline

1 vaschetta di cipolline borretane

1 cucchiaio di zucchero di canna

2 cucchiai di aceto

olio extravergine

1 ora e 30 minuti – 4 persone

Sbucciare e affettare lo scalogno, tritare grossolanamente le nocciole e rosolarle in padella insieme allo scalogno e a 2 cucchiai di olio.

Infarinare la carne e aggiungerla al soffritto, facendola dorare dolcemente su tutti i lati. A questo punto salare, sfumare con il Marsala, lasciare evaporare per qualche minuto, poi aggiungere mezzo bicchiere di acqua calda, l'alloro e fare cuocere la carne con il coperchio per 30 minuti.

Trascorso questo tempo, aggiungere il latte e fare cuocere ancora per un'altra mezz'ora.

Nel frattempo preparare le cipolline: farle rosolare nell'olio con un po' di sale per circa 5 minuti. Unire mezzo bicchiere di acqua e mettere il coperchio in modo che si ammorbidiscano, basteranno altri 10 minuti al massimo. Quando sono cotte, morbide al punto giusto ma non sfatte, unire lo zucchero e l'aceto, poi alzare un po' il fuoco e senza il coperchio fare restringere il sughetto, che deve diventare bello lucido. Quando si cucina l'agrodolce è importante assaggiare per verificare se il sapore è giusto. In caso aggiungere zucchero o aceto e continuare a cuocere per qualche altro minuto.

Servire lo spezzatino caldo con la salsa di cottura, le cipolline in agrodolce, alcune nocciole intere e, volendo, accompagnato dalla polenta. Completare con qualche rametto di timo.

SECONDO

POLLO GRIGLIATO CON PATATE DOLCI E CAROTE FRITTE A BASTONCINO

INGREDIENTI
2 PERSONE

* * * * * * * * * * * * * * * * * *

300 g di fette di pollo
300 g di patate dolci
2 carote
farina qb
rosmarino qb
salvia qb
olio di semi per friggere
olio extravergine
sale grosso

PREPARAZIONE

* *

Ungere una bistecchiera con pochissimo olio, unire una piccola manciata di sale grosso e qualche ago di rosmarino. Una volta che la griglia è rovente, cuocerci il pollo facendolo dorare per bene da entrambi i lati.
Sbucciare le patate dolci e raschiare le carote. Tagliare entrambe a bastoncino e infarinarle leggermente.
Versare in una casseruola dai bordi alti abbondante olio di semi. Quando è bollente, immergere delicatamente le verdure poco alla volta e farle dorare scolandole poi con una schiumarola su un foglio di carta da cucina. Salare e servire insieme al pollo, decorando a piacere con foglioline di salvia.

TEMPO
30'

ZUCCHINE E COTOLETTE IMPANATE MA NON FRITTE

SECONDO

INGREDIENTI
6 PERSONE

500 g di zucchine

400 g di fettine di vitello

100 g di pangrattato

30 g di farina di mais per polenta

2 uova

olio extravergine

sale

PREPARAZIONE

Fare una panure mescolando la farina di mais e il pangrattato. Sbattere le uova e impanare le cotolette passandole prima nell'uovo e poi nella panure.

Tagliare le zucchine a bastoncini e versarle in una ciotola con l'avanzo di uova sbattute. Mescolare in modo che si inzuppino un po', quindi versare nella ciotola anche l'avanzo di panure e mescolare bene in modo che rimanga appiccicato.

In una teglia rivestita di carta forno versare le verdure e le fettine di vitello. Irrorare con un po' di olio, condire con il sale e cuocere in forno ventilato a 200 °C per circa 10-15 minuti.

TEMPO
35'

VITELLO TONNATO LEGGERISSIMO

SECONDO

INGREDIENTI
4 PERSONE

500 g di fesa di vitello
300 g di tonno sott'olio
2 carote
1 costa di sedano
1 cipolla
6 capperi
2 cucchiai di maionese
sale

PREPARAZIONE

Lessare la fesa di vitello in acqua bollente salata con le verdure per circa 40 minuti dalla ripresa del bollore, poi farlo intiepidire, conservandone il brodo.

Frullare nel vaso del mixer il tonno scolato, i capperi e la maionese. Dare una prima frullata, poi aggiungere il brodo della carne quanto basta e continuare a frullare per ottenere una salsa tonnata vellutata e densa al punto giusto.

Affettare la carne in fettine sottili, sistemarla in un piatto dai bordi alti e ricoprirla di salsa. Continuare con un altro strato di carne e salsa fino a esaurimento degli ingredienti.

TEMPO
1h
+ raffreddamento

PRIMO

GNOCCHI DI PATATE CON CREMA DI FUNGHI

Ingredienti

Per gli gnocchi

1 kg di patate

300 g di farina circa

1 uovo

olio extravergine o burro

sale

Per la crema

400 g di funghi champignon

20 g di funghi porcini secchi

1 scalogno

panna fresca

prezzemolo

sale e pepe

1 ora e 30 minuti – 6 persone

Per gli gnocchi, lessare le patate con la buccia. Sbucciarle ancora calde e schiacciarle con lo schiacciapatate. Raccogliere il composto in una ciotola, farlo intiepidire, unire l'uovo, il sale e la farina, poca alla volta. La quantità di farina è indicativa: a seconda del tipo di patata o della grandezza dell'uovo magari bisognerà usarne un po' di più o un po' di meno. Impastare fino ad avere un panetto plastico e non appiccicoso. Dividere l'impasto in pezzi più piccoli, fare dei rotolini e tagliarli con il coltello per ottenere gli gnocchi. Tenerli ben separati su un canovaccio o un tagliere infarinato.

Preparare ora la salsa. Mettere in ammollo i funghi secchi. Una volta ammorbiditi, tritarli e farli rosolare in padella con lo scalogno tritato. Unire anche i funghi champignon tritati grossolanamente e fare rosolare con qualche cucchiaio di acqua.

Quando i funghi sono cotti, regolare di sale, aggiungere un cucchiaio di panna e frullare il tutto con il frullatore a immersione in modo da ottenere una crema vellutata. Aggiustare di sale e di pepe. Lessare gli gnocchi. Scolarli con la schiumarola e condirli con un po' di burro o di olio.

Servire nelle fondine un mestolo di salsa ai funghi e aggiungere gli gnocchi e il prezzemolo. Non mescolare. Concludere con una macinata di pepe.

BLACK COD AL MISO SCALOPPATO

SECONDO

INGREDIENTI
4 PERSONE

4 filetti di merluzzo da circa 100-125 g l'uno

1 cucchiaio di pasta di miso

300 ml di sakè

1 mazzo di asparagi

2-3 scalogni

2 cucchiai di zucchero di canna

1 cucchiaio di salsa di soia

farina qb

olio extravergine

sale

PREPARAZIONE

Portare a bollore in un pentolino il sakè, un cucchiaio di pasta di miso, la salsa di soia e lo zucchero di canna. Cuocere per qualche minuto e spegnere il fuoco.

Pulire gli asparagi, raschiando la base legnosa con un coltellino, e tagliarli per il lungo. Tritare lo scalogno e rosolarlo in padella con gli asparagi crudi e un filo di olio. Sfumare con 2 cucchiai di acqua e cuocere a fuoco medio per 5 minuti: gli asparagi devono rimanere croccanti. Salare.

Infarinare i filetti di merluzzo. Rosolarli in un'altra padella con un filo di olio su entrambi i lati, poi sfumare con la salsa di miso e lasciare che il pesce cuocia e la salsa si restringa.

Servire con gli asparagi.

TEMPO 30'

"IL BUON CIBO

È IL FONDAMENTO

DELLA VERA FELICITÀ."

— AUGUSTE ESCOFFIER —

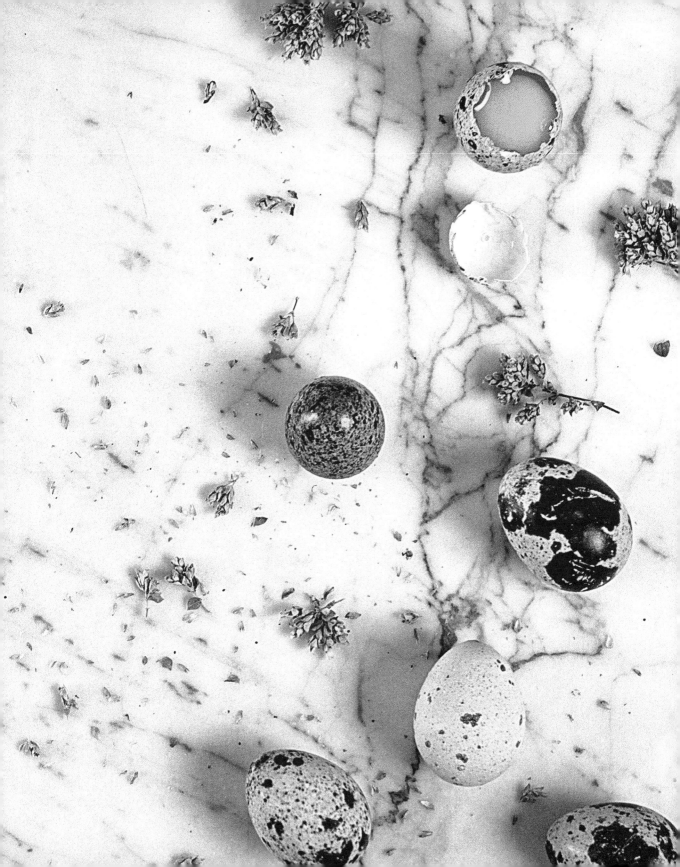

SECONDO

POLLO
AL CURRY

Ingredienti

1 petto di pollo	**Spezie**
300 g di riso basmati	1 chiodo di garofano
125 g di yogurt greco	curry qb
1 scalogno	curcuma qb
1 bicchiere di vino bianco	noce moscata qb
farina qb	paprika qb
olio extravergine	peperoncino in polvere qb
sale qb	zenzero fresco qb

30 minuti – 4 persone

Mettere a bollire in acqua salata per 10 minuti il riso basmati. Scolare e lasciare al caldo, farà da accompagnamento al pollo.

Nel frattempo tritare lo scalogno, poi tagliare il pollo a cubetti e infarinarlo. Ungere una padella di olio e mettere a scaldare il curry, la curcuma, il peperoncino, la paprika, il chiodo di garofano schiacciato e la noce moscata (le dosi vanno a gusto, ma io consiglio di mettere un cucchiaio colmo di curry e un po' meno delle altre spezie, soprattutto di peperoncino se non volete un piatto veramente piccante). Lasciare scaldare molto dolcemente le spezie in maniera che sprigionino tutti i loro aromi.

Aggiungere lo scalogno tritato e il pollo e farli insaporire. Il pollo deve diventare di un bel colore giallo brunito per merito delle spezie. A questo punto grattugiare qualche centimetro di zenzero e poi sfumare con il vino. Aggiustare di sale e lasciare cuocere fino a che il pollo non è ben cotto e il vino è evaporato. Per dare cremosità al curry aggiungere a questo punto lo yogurt e scaldarlo in padella a fuoco basso per pochi minuti. Attenzione a non farlo cuocere troppo perché ad alte temperature tende a dividersi.

Servire il curry con il riso.

ANTIPASTO

SARDENARIA

Ingredienti

1 bustina di lievito di birra disidratato

60 ml di latte

60 ml di olio extravergine

350 g di farina 00

150 g di farina Manitoba

6 g di zucchero

24 g di sale

Per il sugo

½ cipolla bianca

500 g di polpa di pomodoro

1 acciuga

2 cucchiai di olio extravergine

sale

Per completare

5 acciughe sott'olio

1 cucchiaio di capperi sotto sale

2 cucchiai di olive taggiasche con il nocciolo

2 spicchi di aglio

1 ora + il tempo di lievitazione – 4 persone

Per preparare l'impasto, in una ciotola sciogliere il lievito in 200 ml di acqua calda (a 40 °C) e aggiungere lo zucchero, mescolare e poi aggiungere anche il latte e l'olio. In un altro recipiente versare le farine, aggiungere l'acqua tiepida con il latte. Impastare energicamente a mano per circa 9 minuti, poi aggiungere il sale e impastare ancora per un minuto. Far riposare l'impasto nella ciotola, coperto con pellicola per alimenti, per circa 40 minuti. A questo punto stendere l'impasto nella teglia leggermente oleata e coprire di nuovo con la pellicola. Lasciar lievitare altri 30 minuti e intanto preparare il sugo.

Tritare finemente la cipolla bianca e farla soffriggere, in un tegame dai bordi alti, con un po' d'olio e l'acciuga finché questa non si sarà sciolta completamente. Aggiungere la polpa di pomodoro, regolare di sale e cuocere per circa 20 minuti.

Togliere la pellicola dalla teglia e versare il sugo sull'impasto lievitato. Guarnire con pezzetti di acciuga, capperi ben sciacquati, olive taggiasche e spicchi di aglio intero ancora con la "camicia" quindi cuocere in forno ventilato a 220 °C per circa 10 minuti.

SLOW CHICKEN BAGEL

PIATTO UNICO

INGREDIENTI
PER 6 BAGEL

6 bagel

1 kg di pollo a pezzi

100 ml di ketchup

100 g di mostarda (1 albicocca e 3 ciliegie)

100 g di zucchero di canna

50 ml di salsa di soia

½ cipolla rossa

½ spicchio di aglio

PREPARAZIONE

Mettere nel mixer il ketchup, la salsa di soia, lo zucchero di canna e la mostarda, snocciolando prima la frutta, qualora necessario. Aggiungere anche la cipolla e l'aglio e frullare il tutto.

Mettere in una casseruola il pollo e versare sopra la salsa frullata. Allungare con l'acqua a filo, mescolare bene e cuocere con il coperchio fino a quando la carne non è completamente sfaldata e il sugo consumato. Ci vorrà almeno un'ora.

Sfaldare il pollo rimettendolo nella salsa.

Tagliare a metà i bagel e farcirli con il pollo mescolato alla salsa.

TEMPO
1h
e 30min

PER STARE LEGGERI

LE RICETTE LIGHT

— CAPITOLO 2 —

Per mangiare sano e leggero non bisogna per forza cibarsi soltanto di insalata e pesce bollito! Certo, se l'esigenza è perdere molti chili bisogna senz'altro fare dei sacrifici e rivolgersi a un esperto, ma in caso contrario una dieta composta in prevalenza da cibi poco calorici accompagnati da tante verdure che servono a regolare il metabolismo può essere il giusto compromesso per ritrovare la forma perfetta senza soffrire.

CONIGLIO AI PEPERONI RIVISITATO

SECONDO

INGREDIENTI
4 PERSONE

1 coniglio da circa 1 kg

1 peperone rosso

menta qb

½ cipolla

2 coste di sedano

2 carote

vino bianco qb

2 spicchi di aglio

rosmarino qb

olio extravergine

sale e pepe

PREPARAZIONE

Tagliare il peperone a pezzi e cuocerlo in padella con olio, un pizzico di sale e uno spicchio di aglio per circa 20-30 minuti, fino a che non è morbidissimo. Frullarlo con un po' di menta ottenendo una crema.

Per il coniglio: tritare nel mixer la cipolla, il sedano e le carote creando un mix molto fine.

In un'altra padella cuocere il coniglio con olio e uno spicchio di aglio, facendolo rosolare bene su tutti i lati. Unire le verdure tritate, regolare di sale e pepe, rosolare ancora per qualche minuto e sfumare con il vino. Una volta che il vino è evaporato coprire il coniglio a filo con acqua calda. Mettere il coperchio e far cuocere per un'ora-un'ora e mezza a fuoco dolce finché la carne non diventa morbidissima. Il liquido si asciugherà quanto basta per avere un bel sughetto saporito e la carne sarà davvero tenera. Servire il coniglio sulla salsa di peperoni, decorando con un po' di rosmarino.

TEMPO
1h
e 40min

SECONDO

VASOCOTTURA DI SALMONE

INGREDIENTI
PER 1 VASO MONOPORZIONE

200 g di salmone in tranci
1 lime (metà dentro e metà spremuto)
1 cipolla rossa
3-4 pomodorini
3 capperi
basilico qb
olio extravergine
sale e pepe

PREPARAZIONE

Riempire una pentola di acqua e portare a bollore.
Pulire il salmone.
Preparare tutti gli ingredienti: tagliare il salmone a tocchetti grandi, affettare la cipolla ad anelli, tagliare a spicchi mezzo lime e qualche pomodorino.
Riempire il vasetto di vetro alternando qualche tocchetto di salmone, lime, pomodorini e capperi, fino a riempire il vaso. Salare, pepare e completare con basilico, succo di mezzo lime e olio.
Chiudere il vasetto e cuocere per 15 minuti a bagnomaria, cioè immergendolo nella pentola di acqua bollente. Si possono cuocere diversi vasetti insieme in una stessa pentola. Portare in tavola il vaso ancora chiuso.

TEMPO
30'

CRAB CAKE

SECONDO

INGREDIENTI
6 PERSONE

• •

500 g di polpa di granchio

120 g di maionese

1 uovo

1 cucchiaio di senape

1 cucchiaio di salsa Worcester

1 cucchiaio di tabasco

60 g di cracker

pangrattato qb

prezzemolo qb

olio extravergine

sale

PREPARAZIONE

• •

Mescolare in una ciotola la senape, la maionese, il tabasco, l'uovo e la salsa Worcester.

Unire la polpa di granchio ben sgocciolata. Tritare i cracker nel mixer insieme a qualche foglia di prezzemolo e aggiungerli poco per volta alla polpa di granchio. Se la consistenza resta troppo morbida, aggiungere un cucchiaio di pangrattato o degli altri cracker.

Fare i crab cake, come delle crocchette, prendendo una porzione di impasto e modellandola con le mani. Passare le polpette nel pangrattato e rosolarle in padella con un goccio di olio facendole dorare bene su entrambi i lati. Salare e servire.

TEMPO
30'

PRIMO

COUS COUS
DI PRIMAVERA

Ingredienti

200 g di cous cous

200 g di scampi

100 g di edamame sgranati (oppure pisellini)

100 g di fave sgranate

1 peperone giallo

1 cipollotto

vino bianco qb

1 spicchio di aglio

1 cucchiaio di peperoncino in polvere

basilico qb

olio extravergine

sale

30 minuti – 3 persone

Sgusciare gli scampi e rosolarli in un tegame con poco olio per meno di un minuto, salare e tenere da parte. Mettere le teste e il carapace nello stesso tegame con un filo di olio e l'aglio e schiacciare bene le teste con un cucchiaio in modo che sprigionino tutto il sapore. Sfumare con il vino, aggiungere un bicchiere colmo di acqua, il peperoncino e portare a bollore con il coperchio. Preparare le verdure a freddo. Tagliare a pezzettini il peperone e affettare a rondelle il cipollotto. Mettere in una ciotola insieme agli edamame già sgranati e alle fave. Se gli edamame (o i pisellini) sono surgelati, meglio farli bollire per 5 minuti, scolarli e unirli al resto.
Filtrare il brodo degli scampi e usarlo ancora bollente per far rinvenire il cous cous. Calcolare misurandoli in una ciotola la stessa quantità di cous cous e di brodo. Unirli lasciando riposare il cous cous per qualche minuto coperto, poi sgranarlo con una forchetta, condire con un filo di olio e un pizzico di sale e aggiungere le verdure. Infine aggiungere gli scampi e le foglie di basilico.

BLINI INTEGRALI AL SALMONE

INGREDIENTI
6 PERSONE

- 100 g di salmone affumicato
- 70 g di yogurt greco
- 25 g di farina integrale
- 70 g di farina di grano saraceno
- 70 g di farina
- 300 ml di latte
- 35 g di maionese
- 2 uova
- 1 cucchiaio di lievito di birra disidratato
- burro qb
- aneto qb
- sale e pepe

PREPARAZIONE

Mescolare le 3 farine e il lievito in una ciotola insieme al latte tiepido. Mescolare con cura formando una pastella e lasciar riposare per 20 minuti.
Separare tuorli e albumi. Mettere i tuorli nella pastella e mescolare. A parte, montare a neve gli albumi e poi unirli in ultimo alla pastella rendendola leggera e spumosa.
Preparare i blini ungendo una padellina con poco burro. Versare una cucchiaiata di impasto formando un disco, farlo rassodare e poi girarlo fino a che non è ben cotto e dorato anche sull'altro lato.
Mescolare insieme yogurt e maionese, sale e pepe.
Disporre su ogni blini una cucchiaiata di questa crema e una fettina di salmone. Servire guarnendo con dell'aneto.

TEMPO
40'

113

LA SPESA SENZA SPRECHI

LA PRIMA REGOLA PER UNA SPESA SENZA SPRECHI È CONTROLLARE FRIGO O DISPENSA PRIMA DI USCIRE. IL TIMORE DI RICOMPRARE COSE CHE SONO GIÀ IN CUCINA A INVECCHIARE TRISTEMENTE E AD ATTIRARE LE FARFALLINE DELLA FARINA MI TORMENTA OGNI VOLTA CHE MI AVVENTURO IN UN SUPERMERCATO SENZA AVER PRIMA FATTO IL MIO CONSUETO "ESAME".

- COMINCIAMO CONTROLLANDO I CIBI BASE, QUELLI "SALVA VITA" CHE SONO DIVERSI PER OGNI FAMIGLIA. PER ME SI TRATTA DI LATTE, PANE IN CASSETTA, PROSCIUTTO, PESTO, PIADINE, RAVIOLI, INSALATA, POMODORI, MELE E CEREALI PER LA COLAZIONE. COSÌ LA SOPRAVVIVENZA È ASSICURATA!

- LO STEP SUCCESSIVO CONSISTE NELL'INDIVIDUARE LE COSE CHE STANNO PER SCADERE E FARE ACQUISTI MIRATI PER RIUSCIRE A SMALTIRLE, PER ESEMPIO: SE ABBIAMO VERDURE UN PO' "TRISTI", COMPRIAMO UOVA E PARMIGIANO PER FARE UNA BELLA FRITTATA, OPPURE È AVANZATO DEL POLLO GIÀ COTTO, ACQUISTIAMO UN CUORE DI SEDANO E DELLA MAIONESE E PREPARIAMO UN'OTTIMA INSALATA ESTIVA. SE INVECE CI È RIMASTO TANTO PANE, AL SUPERMERCATO PRENDIAMO MOZZARELLA E POMODORO E LI USIAMO PER ARRICCHIRE LE FETTE CHE PASSIAMO IN FORNO PER OTTENERE IN UN ATTIMO PIZZETTE GOLOSISSIME.

- ULTIMO MA NON MENO IMPORTANTE: ASSICURIAMOCI DI AVERE SEMPRE SPAZIO NEL FREEZER PER SURGELARE QUELLO CHE RISULTA SUPERFLUO PRIMA CHE VADA A MALE.

SECONDO

TONNO TONNATO

INGREDIENTI
4 PERSONE

300 g di tonno fresco
200 g di tonno sott'olio
200 g di yogurt + qb per l'insalata
soncino qb
1 cucchiaio di capperi
1 mela verde
olio extravergine
sale grosso e fino

PREPARAZIONE

Ungere una padella di olio e cospargerla con una presa di sale grosso.

Tagliare a cubotti grandi il tonno fresco e, quando la pentola è ben rovente, metterlo a cuocere per pochi minuti: deve risultare ancora crudo all'interno ma ben rosolato all'esterno su tutti i lati.

Per la salsa tonnata, unire nel vaso del mixer lo yogurt, il tonno sott'olio e i capperi. Frullare per ottenere una crema omogenea.

Servire mettendo una generosa cucchiaiata di salsa sulla base del piatto e disponendo sopra qualche cubo di tonno. Accompagnare con un'insalatina di soncino condita con un po' di mela verde non sbucciata e tagliata a pezzetti, il rimanente yogurt, olio e sale.

TEMPO
20'

ZUPPA ALLE VONGOLE E ZAFFERANO

PRIMO

INGREDIENTI
2 PERSONE

1 kg di vongole veraci

1 bustina di zafferano

3 scalogni

pomodorini qb

½ bicchiere di panna fresca

1 bicchiere di vino bianco

50 g di burro

peperoncino in polvere qb

timo qb

olio extravergine

PREPARAZIONE

Mettere le vongole in padella con un goccino di olio. Aggiungere il vino e cuocerle con il coperchio per 5 minuti finché non si saranno aperte. Filtrare il liquido di cottura con un colino a maglie fini e tenerlo da parte insieme alle vongole.

Nella stessa padella, senza nemmeno bisogno di lavarla, far rosolare gli scalogni affettati ad anelli con il burro e un goccio di olio. Aggiungere po' di timo per insaporire, la panna e lo zafferano, poi proseguire la cottura con il coperchio per 5-6 minuti o comunque fino a quando gli scalogni non diventano morbidi e trasparenti. A piacere, aggiungere un pizzico di peperoncino.

Unire le vongole, con il loro liquido di cottura, e i pomodorini poi alzare il fuoco e cuocere per qualche altro minuto mescolando bene tutti gli ingredienti in modo che le vongole si insaporiscano. Servire guarnendo con qualche rametto di timo.

TEMPO
35'

SECONDO

POLPETTE TERIYAKI

Ingredienti

Per le polpette

500 g di carne trita di manzo

1 cucchiaio di zenzero secco

1 pezzo di zenzero fresco

1 uovo + 1 tuorlo

1 cipollotto

1-2 cucchiai di salsa di soia

1-2 cucchiai di pangrattato

olio extravergine

sale

Per la salsa

4 cucchiai di salsa di soia

6 cucchiai di sakè

4 cucchiai di zucchero

2 cucchiai di maizena

Per accompagnare

200 g di riso basmati

insalata qb

45 minuti – 6 persone

Iniziare dalle polpette. Tritare il cipollotto e farlo soffriggere in padella con poco olio e un cucchiaio di acqua per non farlo bruciare. Tritare anche la parte verde del cipollotto e tenerla da parte.

In una ciotola unire il soffritto alla carne trita, aggiungere la parte verde del cipollotto tritata, l'uovo, il tuorlo e impastare. Condire con un cucchiaio di salsa di soia. Aggiungere lo zenzero secco e grattugiare 2 cm di zenzero fresco. Modellare delle polpette ovali e passarle nel pangrattato.

Mettere le polpette su una placca foderata di carta forno, ungere con poco olio e cuocere a 190 °C per 10-12 minuti in forno ventilato.

Per la salsa teriyaki: scaldare in un pentolino salsa di soia, sakè, zucchero e 2 cucchiai di acqua. Versare in una ciotolina a parte qualche cucchiaio di salsa, scioglierli la maizena e rimettere la salsa nel pentolino, mescolando. Portare a bollore. Cuocere per 10-15 minuti al massimo finché la salsa non sarà diventata leggermente sciropposa.

Una volta che le polpette sono pronte, servirle con la salsa direttamente sopra oppure a parte. Accompagnare con il riso fatto bollire in abbondante acqua salata e l'insalata.

FUSILLI CROCCANTI

PRIMO

INGREDIENTI
4 PERSONE

320 g di fusilli

4 pomodori ramati

2 cipollotti

3 fette di pane in cassetta

50 g di olive nere denocciolate

50 g di rucola

origano qb

1 limone non trattato

olio extravergine

sale

PREPARAZIONE

Scottare i pomodori in acqua bollente. Scolarli, eliminare la pelle e i semi, tagliare la polpa a pezzettini e rosolarla in padella per pochi minuti con un po' di olio, il cipollotto tagliato a fettine sottili, il sale e la scorza del limone grattugiata.

Tritare nel mixer il pane in cassetta insieme all'origano, in modo da ottenere delle grosse briciole.

Scaldare 3 cucchiai di olio in una padella antiaderente, unire le briciole di pane e tostarle mescolando spesso in modo che diventino dorate. Tritare grossolanamente le olive e la rucola.

Scolare la pasta al dente, versarla nella padella con il sugo di pomodori, unire le olive, far insaporire e spegnere il fuoco. A questo punto aggiungere la rucola e un goccio di olio a crudo e completare con le briciole di pane dorate.

TEMPO
25'

123

PRIMO

VELLUTATA DI BARBABIETOLE

INGREDIENTI
4 PERSONE

500 g di barbabietole precotte
½ cipolla rossa
1 cucchiaio di capperi
2 fette di pane in cassetta
2 fette di pane di Altamura
1 filetto di aringa affumicata
4 cucchiai di yogurt greco
1 cucchiaio di aceto di mele
basilico qb
olio extravergine
sale e pepe rosa

PREPARAZIONE

Tostare in padella le fette di pane di Altamura con un po'
di olio su entrambi i lati.
Frullare insieme barbabietole, cipolla, capperi, aceto di
mele, pane in cassetta, 500 ml di acqua, un pizzico di
sale fino a ottenere una crema liscia e omogenea.
Condire lo yogurt con un po' di olio e pepe rosa, schiacciato dal colino a maglie fini affinché si polverizzi.
Versare a freddo la crema nella fondina, a piacere condirla con qualche cucchiaino di crema allo yogurt. Spalmare la crema sul crostone di pane tostato e completare
con qualche pezzettino di aringa affumicata e qualche
foglia di basilico.

TEMPO
20'

SECONDO

CAPONATA DI PESCE SPADA

INGREDIENTI
4 PERSONE

400 g di pesce spada

250 g di riso rosso

3 coste di sedano

1 cipollotto

½ peperone rosso

2 cucchiai di mandorle a lamelle

1 cucchiaio colmo di uvetta

2 cucchiai di zucchero di canna

basilico qb

½ bicchiere di aceto di mele

olio extravergine

sale

PREPARAZIONE

Lessare il riso rosso in abbondante acqua bollente salata.

Nel frattempo, in una padella fare un soffritto con il cipollotto tagliato a rondelle e il sedano a tocchetti. Tagliare il peperone a pezzi piccoli e mettere anch'esso in padella, con le mandorle e l'uvetta. Cuocere per 10 minuti circa fino a che il peperone non si è ammorbidito.

Tagliare il pesce spada a cubotti e farlo rosolare in padella a fuoco vivace con il resto degli ingredienti: basteranno pochi minuti. Cospargere con lo zucchero di canna, lasciare cuocere per un altro minuto fino a quando i peperoni e il pesce non risultano lucidi e glassati, quindi sfumare con l'aceto.

Lasciar cuocere ancora per qualche minuto e regolare di sale.

Servire la caponata su un letto di riso rosso condito con un po' di olio. Completare con qualche foglia di basilico.

TEMPO
35'

127

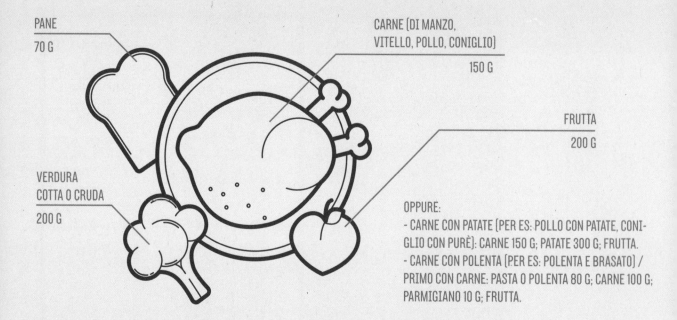

PANE
70 G

CARNE (DI MANZO,
VITELLO, POLLO, CONIGLIO)
150 G

FRUTTA
200 G

VERDURA
COTTA O CRUDA
200 G

OPPURE:
- CARNE CON PATATE (PER ES: POLLO CON PATATE, CONI-
GLIO CON PURÈ): CARNE 150 G; PATATE 300 G; FRUTTA.
- CARNE CON POLENTA (PER ES: POLENTA E BRASATO) /
PRIMO CON CARNE: PASTA O POLENTA 80 G; CARNE 100 G;
PARMIGIANO 10 G; FRUTTA.

UN PASTO EQUILIBRATO

UN PASTO EQUILIBRATO DEVE CONTENERE TUTTI I PRINCIPI NUTRITIVI NECESSARI AL CORPO.
PER QUESTO È IMPORTANTE RISPETTARE IL FABBISOGNO PROTEICO, LIPIDICO, GLUCIDICO
E DI SALI MINERALI E VITAMINE. ECCO 5 ESEMPI. I GRAMMI INDICATI SI RIFERISCONO
ALLE DOSI PER UNA DONNA ADULTA DI MEDIA CORPORATURA.

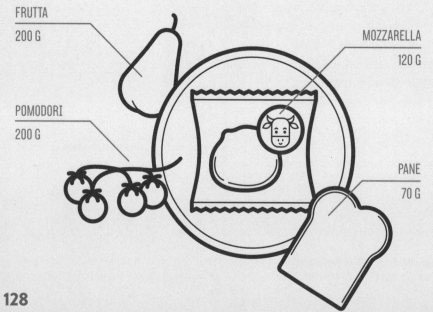

FRUTTA
200 G

MOZZARELLA
120 G

POMODORI
200 G

PANE
70 G

OPPURE:
- ALTRI TIPI DI FORMAGGI (LIGHT
PERCHÉ IL FORMAGGIO È MOLTO GRASSO)
ACCOMPAGNATI DA VERDURE COTTE
O CRUDE, PANE O SIMILARI E FRUTTA.
- UNA PASTA CON FORMAGGI,
VERDURE E FRUTTA.
- LE VERDURE POSSONO ESSERE
SOSTITUITE CON LE PATATE (300 G)
MA BISOGNERÀ ELIMINARE IL PANE.

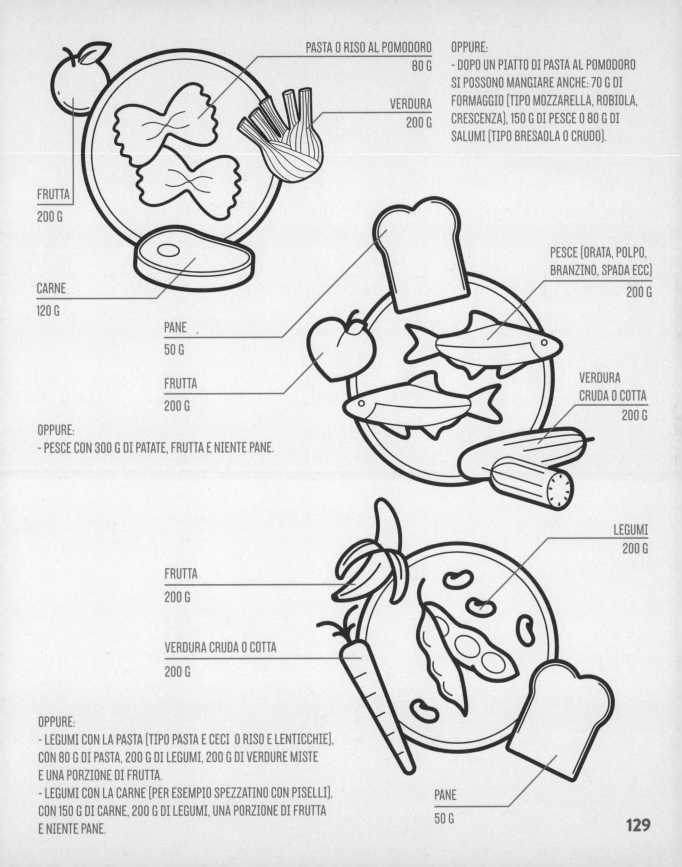

PASTA O RISO AL POMODORO
80 G

VERDURA
200 G

OPPURE:
- DOPO UN PIATTO DI PASTA AL POMODORO SI POSSONO MANGIARE ANCHE: 70 G DI FORMAGGIO (TIPO MOZZARELLA, ROBIOLA, CRESCENZA), 150 G DI PESCE O 80 G DI SALUMI (TIPO BRESAOLA O CRUDO).

FRUTTA
200 G

CARNE
120 G

PANE
50 G

FRUTTA
200 G

PESCE (ORATA, POLPO, BRANZINO, SPADA ECC)
200 G

VERDURA
CRUDA O COTTA
200 G

OPPURE:
- PESCE CON 300 G DI PATATE, FRUTTA E NIENTE PANE.

FRUTTA
200 G

LEGUMI
200 G

VERDURA CRUDA O COTTA
200 G

OPPURE:
- LEGUMI CON LA PASTA (TIPO PASTA E CECI O RISO E LENTICCHIE), CON 80 G DI PASTA, 200 G DI LEGUMI, 200 G DI VERDURE MISTE E UNA PORZIONE DI FRUTTA.
- LEGUMI CON LA CARNE (PER ESEMPIO SPEZZATINO CON PISELLI), CON 150 G DI CARNE, 200 G DI LEGUMI, UNA PORZIONE DI FRUTTA E NIENTE PANE.

PANE
50 G

129

LINGUINE CON LIMONE, FETA E BASILICO

INGREDIENTI
4 PERSONE

• •

300 g di linguine

200 g di feta

2 cucchiai di pinoli

½ limone non trattato

basilico qb

sale e pepe nero

TEMPO
20'

PREPARAZIONE

• •

Lessare la pasta in abbondante acqua bollente salata. Intanto, tostare i pinoli in un pentolino fino a che non diventano dorati e croccanti.

Scolare la pasta molto al dente, tenendo da parte un bicchiere di acqua di cottura. Nella pentola, rimettere la pasta con l'acqua di cottura, la feta sbriciolata grossolanamente, la scorza e il succo di limone e mescolare in modo da finire la cottura della pasta e creare una meravigliosa cremina.

Prima di impiattare, aggiungere qualche foglia di basilico spezzettata, i pinoli e pepe macinato.

NORMA LIGHT

INGREDIENTI
4 PERSONE

300 g di mezze maniche
2 melanzane
ricotta salata qb
200 g di pomodorini
1 mazzetto di basilico (10 foglie circa)
2 spicchi di aglio
olio extravergine
sale

PREPARAZIONE

Tagliare a metà le melanzane, fare qualche incisione nella polpa con un coltello per aiutare la cottura e avvolgere ogni pezzo nella carta stagnola. Cuocerle in forno a 180 °C per un'ora.

Quando sono cotte, togliere la buccia e frullarle con il basilico (tenendone da parte un paio di foglie per la guarnizione), l'olio e un pizzico di sale in modo che diventino una crema.

Lessare la pasta in abbondante acqua bollente salata.

Intanto rosolare aglio e olio in una padella e unire la crema di melanzane affinché si insaporisca.

Tagliare i pomodorini a metà.

Scolare la pasta, tenendo da parte un po' di acqua di cottura, e farla saltare in padella con la crema di melanzane. Se necessario aggiungere l'acqua di cottura.

Spegnere il fuoco e, a crudo, aggiungere i pomodorini, la ricotta salata grattugiata e le foglie di basilico.

TEMPO
1h
e 30min

133

SECONDO

POLLO SCHIACCIATO E PEPERONATA

Ingredienti

4 cosce e 4 sovracosce di pollo

rosmarino qb

olio extravergine

sale

Per i peperoni

4 peperoni (2 gialli e 2 rossi)

1 cipolla

4 cucchiai di passata di pomodoro

basilico qb

50 minuti – 4 persone

Ungere con pochissimo olio una bistecchiera. Posizionare i pezzi di pollo in modo che non si sovrappongano tra loro e condirli con il sale e il rosmarino. Coprirli con un foglio di carta forno e appoggiare sopra una grossa pentola piena di acqua affinché si schiaccino per bene. Fare cuocere a fiamma dolce per 30 minuti.

Nel frattempo preparare i peperoni: pulirli e tagliarli a quadrotti. Affettare la cipolla e rosolarla in una padella con poco olio. Aggiungere anche i peperoni e lasciarli rosolare per circa 10 minuti rigirandoli ogni tanto, poi condirli con il sale, aggiungere la passata di pomodoro, mezzo bicchiere di acqua e qualche foglia di basilico. Mescolare bene, abbassare la fiamma e lasciare cuocere con il coperchio fino a che i peperoni non sono morbidi e il sugo non si è un po' asciugato. Ci vorranno circa 15-20 minuti. Lasciare riposare per qualche minuto prima di servire.

Quando è il momento, rimuovere dal pollo la pentola e la carta forno, girare la carne che si sarà ben dorata, rimettere carta e pentola e fare cuocere sull'altro lato per almeno 15 minuti in modo che risulti croccante e ben cotta. Servire insieme ai peperoni.

CONTORNO

INSALATA DI FRAGOLE CROCCANTE

INGREDIENTI
4 PERSONE

200 g di insalata
12 fragole
100 g di quartirolo
40 g di noci
parmigiano qb
aceto balsamico qb
olio extravergine
sale

PREPARAZIONE

Per il cono di parmigiano, scaldare una padella anti-aderente, ungerla leggermente di olio e spargervi sopra un'abbondante cucchiaiata di parmigiano grattugiato cercando di distribuirlo in una forma circolare. Quando il formaggio è completamente sciolto, prelevarlo con una spatola dalla padella e dargli la forma desiderata modellandolo con le mani finché è ancora caldo, facendo attenzione a non scottarsi. Io ho scelto la forma a cono, ma si può fare anche una ciotolina appoggiando il disco su un bicchiere capovolto.

In alternativa, si può scaldare il formaggio al microonde per 30 secondi su un foglio di carta forno, ottenendo il medesimo risultato.

Tagliare le fragole e unirle all'insalata. Aggiungere il quartirolo sbriciolato e le noci tritate. Regolare di sale. Servire nel cono di parmigiano e completare con aceto balsamico.

TEMPO
20'

137

ROASTBEEF

SECONDO

INGREDIENTI
4 PERSONE

* *

700 g di filetto di manzo

100 g di farina

20 g di burro

rucola qb

1 limone non trattato

olio extravergine

sale e pepe

PREPARAZIONE

* *

In una ciotola mescolare la farina, un cucchiaio raso di sale e uno di pepe.

Massaggiare il filetto di manzo con il burro, poi infarinarlo per bene e rosolarlo in una padella già calda, cuocendolo su tutti i lati.

Spremere il limone e usare il succo per sfumare la carne, poi prelevare il filetto e il suo sughetto, metterli in una teglia e cuocere in forno per 10-12 minuti a 180 °C.

Nel frattempo, preparare un'insalatina semplice: rucola, olio, sale.

Una volta sfornato il roastbeef, se possibile lasciarlo riposare per almeno 10 minuti prima di impiattare.

Servirlo tagliato a fette, su un letto di insalata e insaporito con la scorzetta di limone.

TEMPO
45'

ZUPPETTA DI ASTICE

PRIMO

INGREDIENTI
4 PERSONE

2 astici surgelati da 500 g l'uno

2 porri

1 finocchio

1 patata

1 spicchio di aglio

2 rametti di timo

paprika qb

1 limone non trattato

burro qb

sale

PREPARAZIONE

Scongelare gli astici e farli bollire per 5 minuti circa. Tagliare il finocchio e i porri a fettine e pelare e tagliare a tocchetti la patata. Togliere l'astice dal fuoco e al suo posto mettere a bollire nella stessa acqua le verdure con un po' di sale fino a che non sono morbide. Quando sono cotte spegnere il fuoco e, se la zuppa risulta troppo acquosa, eliminare un po' di brodo prelevandolo con un mestolo. Frullare il tutto con il frullatore a immersione fino a ottenere una vellutata abbastanza densa e aromatizzare con la scorza grattugiata del limone e il timo. Pulire l'astice, rompere le chele e prelevare la polpa all'interno.

Mettere in padella l'aglio schiacciato con una noce di burro e rosolare l'astice a pezzi con un po' di paprika.

Servire la vellutata con i pezzi di astice e decorare con le barbette del finocchio.

TEMPO
40'

141

CONTORNO

FRITTATINE DI VERDURA AL FORNO

INGREDIENTI
6 PERSONE

350 g di verdura mista già cotta
(broccoli, piselli, spinaci)

3 cipollotti rossi piccoli

6 uova

100 g di ricotta

70 g di parmigiano

noce moscata qb

olio extravergine

sale e pepe

PREPARAZIONE

Affettare i cipollotti e rosolarli in padella con le verdure e un filo d'olio in modo da insaporire il tutto. Trasferire in una ciotola, unire la ricotta, il parmigiano grattugiato e le uova e mescolare bene. Condire con sale, pepe e una grattugiata di noce moscata. Versare una cucchiaiata di composto in ogni pirottino da muffin unto di olio e cuocere a 180 °C per 20 minuti circa.
Invece dei pirottini da muffin, si possono usare stampini di altre forme: le frittatine verranno ancora più belle!

TEMPO
35'

RAMEN DI POLLO

Ingredienti

100 g di spaghetti di riso

2 uova

1 cucchiaio di salsa di soia

1 cipollotto

1 spicchio di aglio

zenzero fresco qb

1 cucchiaino di maizena

olio extravergine

sale

Per il brodo di pollo

½ petto di pollo (270 g circa) oppure coscia e sovracoscia

1 carota

1 costa di sedano

1 cipolla

30 minuti + il tempo di lessare il pollo – 2 persone

Far lessare il pollo in una pentola di acqua insieme a carota, sedano e cipolla per circa mezz'ora.

Far rassodare le uova mettendole in acqua bollente per 10 minuti.

Filtrare il brodo. Rosolare in padella il petto di pollo con un po' di olio, l'aglio e un cucchiaino di zenzero grattugiato. Basteranno pochi minuti per renderlo più saporito. Salare.

Riportare a bollore il brodo filtrato. Mettere in una ciotolina la maizena e scioglierla con qualche cucchiaio di brodo in modo da ottenere una cremina senza grumi. Versarla nel brodo a bollore, mescolando velocemente, per addensarlo. Aggiungere anche la salsa di soia e una grattugiata di zenzero.

Cuocere gli spaghetti nel brodo e quando sono pronti assemblare il ramen nella ciotola. Versare il brodo con gli spaghetti. Tagliare il pollo a tocchetti e unirlo al brodo posizionandolo su un lato. Tagliare l'uovo sodo e immergere nel brodo anche quello in modo che sia visibile. Completare con qualche anello di cipollotto crudo e la parte verde del cipollotto tritata.

Servire ben caldo. Secondo la tradizione giapponese andrebbe consumato in 8 minuti, per evitare che la pasta scuocia.

SEVEN SALAD

INGREDIENTI
4 PERSONE

250 g di pollo

150 g di groviera

150 g di noci

1 busta grande di soncino

150 g di yogurt greco

1 mango

1 mela verde

pomodorini qb

rosmarino qb

olio extravergine

sale e pepe

PREPARAZIONE

Preparare un'insalatiera alta e trasparente, in modo che siano ben visibili i 7 strati che compongono questa insalata. Ogni strato corrisponde a un ingrediente diverso e ha un colore diverso.

Il trucco per fare una Seven Salad equilibrata e bella da vedere è disporre l'ingrediente innanzitutto sui bordi, e riempire poi il centro con lo stesso ingrediente mescolato a un po' di soncino per aumentare lo spessore.

Per il primo strato, grigliare le fette di pollo in padella con sale e rosmarino. Tagliare a striscioline, fare raffreddare e disporre sul fondo dell'insalatiera. Proseguire poi in quest'ordine: secondo strato, soncino condito con un po' di sale e olio; terzo strato, groviera grattugiato; quarto strato, noci; quinto strato, mango tagliato a cubetti; sesto strato, mela tagliata a fettine sottili; settimo strato, yogurt condito con pomodorini tagliati a pezzi piccoli, olio, sale, pepe.

TEMPO
30'

PRIMO

RAVIOLI CINESI

Ingredienti

250 g di farina

300 g di carne trita di maiale

100 g di gamberi

1 scalogno

1 carota

1 verza

zenzero fresco qb

salsa di soia qb

erba cipollina qb

1 ora – 6 persone

Mescolare la farina con 150 ml di acqua. Impastare fino a ottenere un panetto liscio e non appiccicoso. Lasciarlo riposare coperto per 5 minuti.

Nel frattempo preparare la farcitura. Tritare grossolanamente al coltello i gamberi e mescolarli in una ciotola con la carne trita.

Tritare nel mixer la carota, lo scalogno, 1 o 2 foglie di verza e un po' di erba cipollina. Unire il tutto alla farcia. Condire con lo zenzero grattugiato e 3 cucchiai di salsa di soia.

Dividere l'impasto in tante palline grandi come quelle da ping pong.

Aiutandosi con le mani o con il mattarello stenderle creando dei dischi di circa 8 cm di diametro. Ci si può aiutare anche con un coppapasta o con il bordo di un bicchiere. Mettere al centro del disco un cucchiaio di farcia, chiudere il raviolo a mezzaluna lasciando il bordo in alto e pizzicare con le dita in modo da ottenere un decoro simile a un volant.

Cuocere i ravioli nella vaporiera foderata di foglie di verza per 10 minuti circa. Servire accompagnati con la salsa di soia.

TRE CONSIGLI DI BENEDETTA

PER *LIMITARE L'APPORTO DI CALORIE GIORNALIERE* NON FACCIAMO L'ERRORE DI TRASCORRERE TROPPO TEMPO A DIGIUNO. SE SPEZZIAMO LA GIORNATA TRA UN PASTO E L'ALTRO CON PICCOLI SPUNTINI (FRUTTA SECCA O FRESCA PER ESEMPIO) STIMOLIAMO IL METABOLISMO E LO AIUTIAMO A BRUCIARE DI PIÙ. E POI NON C'È NIENTE DI PEGGIO CHE METTERSI A TAVOLA SUPERAFFAMATI. RISCHIAMO DI MANGIARE IL DOPPIO!

BEVIAMO TANTA ACQUA SIA DURANTE IL PASTO CHE LONTANO DAI PASTI. L'ACQUA FA BENE A TUTTO: DEPURA, IDRATA, DISTENDE LE RUGHE E PER UN PO' TIENE PURE LONTANA LA FAME! OCCHIO INVECE AL VINO E AI SUPERALCOLICI, SONO CALORICI QUANTO UN DOLCE!

DECIDIAMO COSA MANGIARE PRIMA DI SEDERCI A TAVOLA E PREPARIAMO I CIBI CON CURA. SE CI CONCEDIAMO UNA FETTA DI PANE, METTIAMOLO ACCANTO AL PIATTO E IMPARIAMO A GODERCELO PIANO PIANO. LA CALMA È FONDAMENTALE. *SE MANGIAMO PIANO*, DAREMO TEMPO ALLO STOMACO DI COMUNICARE AL CERVELLO LA SENSAZIONE DI SAZIETÀ.

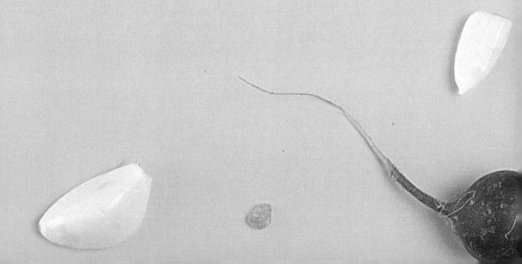

GAMBERI SAGANAKI

INGREDIENTI
4 PERSONE

300 g di gamberi sgusciati
100 g di feta
4 pomodori
1 cipolla
½ peperone verde
1 spicchio di aglio
basilico qb
olio extravergine

PREPARAZIONE

Affettare a rondelle la cipolla, tagliare a tocchetti le falde del peperone e far soffriggere il tutto con l'aglio e un filo di olio.

Intanto, tagliare a cubetti i pomodori facendo una sorta di battuto e unirlo agli altri ingredienti in padella, cuocendo per qualche minuto.

Quando i peperoni sono morbidi, unire i gamberi e la feta tagliata a cubetti. Rosolare il tutto ancora per qualche minuto, fino a quando la feta non incomincia a sciogliersi.

Terminare con foglioline di basilico.

Tradizionalmente andrebbe impiattato in un "saganaki", l'originale piatto greco che dà il nome alla ricetta, ma un normale piatto di casa andrà benissimo!

TEMPO
20'

TORTA DI MELE E ROSMARINO

DOLCE

INGREDIENTI
8 PERSONE

3 mele

230 g di farina + qb per le mele

200 ml di latte

100 g di zucchero

100 g di burro

2 uova

1 bustina di lievito per dolci

1 bustina di vanillina

rosmarino qb

1 limone non trattato

zucchero a velo qb

PREPARAZIONE

TEMPO
1h

Sbattere le uova e lo zucchero semolato, poi aggiungere il burro sciolto e il latte. Unire la farina, il lievito, la vanillina e un po' della scorzetta di limone e mescolare in modo da ottenere un impasto liscio.

Sbucciare le mele e tagliarle a spicchi sottili. Infarinarli bene e mescolarli all'impasto, in questo modo durante la cottura non si depositeranno sul fondo.

Tritare una presa di aghi di rosmarino e unirli all'impasto. Versare il tutto in una tortiera imburrata e infarinata, poi cuocere in forno a 180 °C per 40 minuti. Se comincia a bruciarsi in superficie, coprire con un foglio di carta stagnola.

Servire decorando con zucchero a velo e rosmarino.

POLLO AL COCCO

SECONDO

INGREDIENTI
4 PERSONE

1 pollo a pezzi di circa 700 g

200 ml di latte di cocco

200 ml di latte

2 cipollotti

2 carote

1 zucchina

1 manciata di arachidi salate

1 spicchio di aglio

1 lime

olio extravergine

sale

PREPARAZIONE

Tagliare a dadini la zucchina e le carote, tagliare i cipollotti nel senso della lunghezza (tenendo da parte il verde, per la guarnizione finale) e sbucciare lo spicchio di aglio. In una padella, rosolare le verdure con poco olio e salare.

Togliere le verdure dalla padella mentre si procede con le altri fasi della preparazione, e rimetterle solo all'ultimo momento, così che rimangano croccanti.

Nella padella usata per cuocere le verdure rosolare i pezzi di pollo dalla parte della pelle. Far dorare bene, poi girare, salare, spruzzare con il succo del lime e rosolare brevemente anche sull'altro lato. Sfumare con entrambi i tipi di latte e far cuocere per 40-45 minuti con il coperchio. Se si asciuga troppo, aggiungere acqua.

Quando il pollo è cotto, rimettere in padella le verdure e far insaporire tutto insieme.

Servire il pollo decorando con le arachidi tritate grossolanamente e la parte verde del cipollotto.

TEMPO
20'

157

SPEEDY PASQUETTA

ANTIPASTO

INGREDIENTI
4 PERSONE

4 fogli di pane carasau
rosmarino qb
olio extravergine
sale grosso

Per il battuto di pomodoro

4 pomodori
1 manciata di olive nere denocciolate
6-7 acciughe sott'olio
4-5 foglie di menta
1 cucchiaio di aceto di mele

Per la crema di fave e yogurt

150 g di fave sgranate
100 g di yogurt greco
½ avocado
1 lime
erba cipollina qb
semi di cumino qb
sale

Per l'ananas piccante caramellato

1 ananas
1 cipollotto
1 peperoncino fresco
zucchero di canna qb
sale

PREPARAZIONE

Per il battuto di pomodoro, sbollentare i pomodori per un minuto. Scolarli, spellarli, eliminare i semi e tagliarli a cubetti. Metterli in una ciotola. Tritare le olive grossolanamente e mescolarle con i pomodori. Nel vaso del mixer mettere le acciughe, le foglioline di menta, l'aceto e l'olio. Frullare creando un'emulsione con cui condire i pomodori e le olive.

Per la crema di fave e yogurt, sbucciare l'avocado e ricavarne la polpa. Bollire le fave per 10 minuti circa. Scolarle e frullarle (tenendone qualcuna da parte per la decorazione) con l'avocado, il succo del lime, un pizzico di sale, qualche filo di erba cipollina e lo yogurt. Deve venire un composto granuloso. Aggiustare di sale e lime e decorare con semi di cumino e le fave lasciate intere.

Per la salsa all'ananas, tagliare il cipollotto e il peperoncino a rondelle sottili. Ridurre l'ananas a cubetti. Rosolare ananas, cipollotto e peperoncino (tenendone da parte qualche rondella) in padella. Caramellare con una cucchiaiata di zucchero di canna e di sale. Cuocere per 3 minuti circa. Servire con altre rondelle di peperoncino e cipollotto fresco.

A questo punto è il momento di preparare il pane: condire il carasau con olio, sale grosso e rosmarino. Sistemarlo sulla placca del forno e farlo dorare a 200 °C per pochissimi minuti e servire con le salsine.

TEMPO
40'

159

"... SONO STUFA DI SVEGLIARMI
LA MATTINA, PENTENDOMI
DI OGNI SINGOLA COSA
CHE HO MANGIATO IL GIORNO PRIMA,
[...] E ALLORA MANGIO!
NON HO INTENZIONE
DI DIVENTARE OBESA,
MA BASTA SENSI DI COLPA."

- RYAN MURPHY, MANGIA, PREGA, AMA -

SECONDO

POLPO ALLA CURCUMA SU CREMA DI LENTICCHIE

Ingredienti

1 polpo di circa 1,2 kg fresco o surgelato

300 g di lenticchie rosse decorticate

1 carota

1 cipolla

1 costa di sedano

curcuma qb

rosmarino qb

olio extravergine

sale e pepe

1 ora e 15 minuti – 4 persone

Immergere il polpo in acqua bollente e lasciarlo cuocere per circa 40 minuti o un'ora dalla ripresa del bollore. Spegnere il fuoco quando, toccando i tentacoli con la forchetta, risulteranno molto morbidi. Lasciarlo raffreddare nella sua stessa acqua. Se il polpo è surgelato metterlo a cuocere appena tirato fuori dal freezer. Questa operazione è meglio farla in anticipo, anche il giorno precedente.

Tritare carota, sedano e cipolla e rosolarli in un pentolino con l'olio, poi aggiungere le lenticchie, farle insaporire mescolando brevemente e coprire con acqua in modo che arrivi 2 dita sopra il livello delle lenticchie. Salare.

Mettere un rametto di rosmarino e lasciare cuocere fino a che le lenticchie non si sono ammorbidite, ci vorranno circa per 10 minuti dall'inizio del bollore. Tenetele d'occhio, perché le lenticchie assorbono molta acqua e probabilmente bisognerà aggiungerla, bollente.

Quando le lenticchie si sono cotte regolare la quantità di acqua rimasta e frullare in modo da ottenere una purea più o meno densa a seconda che si voglia una vellutata o semplicemente una salsa a specchio.

Scolare il polpo, tagliare i tentacoli e insaporirli in padella con un po' di olio e di curcuma, sale e pepe fino a che non diventano croccanti e dorati.

Mettere in ogni fondina la crema di lenticchie e aggiungerci sopra i tentacoli del polpo.

SPAGHETTINI DI SOIA CON VERDURE E PESCE

PRIMO

INGREDIENTI
4 PERSONE

200 g di spaghettini di soia

1 busta di verdure miste surgelate
(carote, peperoni, broccoli, taccole)

1 confezione di calamaretti puliti
surgelati (circa 400 g)

1 confezione di gamberetti surgelati
(circa 200 g)

salsa di soia qb

1 spicchio di aglio

olio extravergine

sale

PREPARAZIONE

Scongelare il pesce.

Mettere in una ciotola piena di acqua fredda gli spaghettini e farli ammorbidire.

Nel frattempo, affettare i calamari ad anelli sottili e farli rosolare in padella con un po' di olio e l'aglio per circa 10 minuti.

In un'altra padella fare cuocere le verdure ancora surgelate per 15 minuti, aggiustando di sale. Unire i gamberetti e farli cuocere per pochi minuti insieme alle verdure. Alla fine aggiungere anche i calamari.

Riprendere gli spaghettini, scolarli e metterli nella padella con tutti gli altri ingredienti. Fare cuocere per pochi minuti, unendo una spruzzata di soia per insaporire e un po' di acqua per aiutare la cottura. Il piatto è pronto quando gli spaghettini sono morbidi e il sughetto leggermente ambrato grazie all'aggiunta della soia.

TEMPO
35'

MOUSSE DI CIOCCOLATO ALL'ACQUA

DOLCE

INGREDIENTI
PER 4 PERSONE

· · · · · · · · · · · · · · · · · · · ·

200 g di cioccolato fondente
1 vaschetta di lamponi
1 cucchiaio di zucchero a velo

PREPARAZIONE

· ·

Portare a ebollizione 250 ml di acqua.
Tritare il cioccolato e metterlo nel bicchiere del frullatore insieme all'acqua, azionando le lame per un minuto fino a ottenere un composto liquido. Versarlo nei vasetti e metterli in frigo a raffreddare per un'ora circa. Il risultato sarà quello di una mousse sorprendentemente buona e leggera.
Mentre la mousse si raffredda, preparare la salsa di lamponi. Frullare con il frullatore a immersione i lamponi (tenendone 4 da parte per decorare) e lo zucchero a velo. A piacere, setacciare per togliere i semini.
Versare la salsa sopra il cioccolato e decorare con un lampone.

TEMPO
20'
+ riposo

167

PRIMO

VELLUTATA DETOX CON MAZZANCOLLE

INGREDIENTI
2 PERSONE

• • • • • • • • • • • • • • • • • • • •

6-8 mazzancolle con guscio
½ verza
1 pomodoro di media grandezza
1 peperone giallo
1 porro
1 costa di sedano
1 finocchio
olio extravergine
sale e pepe

PREPARAZIONE

• •

Per prima cosa lavare e tagliare a pezzi tutte le verdure: la verza, il pomodoro, il porro, il sedano, il finocchio (tenendo da parte le barbette per la guarnizione) e il peperone. Metterle tutte in una pentola e coprire con acqua a filo. Aggiungere un pizzico di sale.

Far cuocere le verdure a fuoco medio con il coperchio per 40 minuti circa.

Intanto preparare gli spiedini: in una ciotola mescolare un cucchiaino raso di sale e pepe. Ungere le mazzancolle con un po' di olio e passarle nel mix di sale e pepe.

Infilare le mazzancolle sugli spiedini. Scaldare la bistecchiera e grigliarle un minuto per lato.

Una volta che le verdure sono morbide eliminare con un mestolo un po' di liquido di cottura e frullare creando una vellutata, che non deve essere troppo liquida.

Decorare con le barbette del finocchio tenute da parte e servire con gli spiedini.

TEMPO
50'

OGGI VOGLIO ESAGERARE

I PIATTI RICCHI

— CAPITOLO 3 —

Ogni tanto bisogna sgarrare. A tavola è più che lecito, purché non diventi un'abitudine che ci rovina la salute. Ognuno di noi ha un punto debole: che sia il fritto, i dolci, i formaggi... Dal momento che mangiare è una gioia immensa, io credo fermamente che concedersi qualche vizio in cucina sia una delle cose più belle della vita.

ANTIPASTO o DOLCE

TORTA AL TESTO
CON NUTELLA O SALUMI

Ingredienti

250 g di farina

nutella qb

salumi a piacere

½ bustina di lievito

zucchero

sale

30 minuti – 4 persone

Mettere in una ciotola la farina, il lievito, un pizzico di sale e uno di zucchero. Unire 125 ml di acqua circa, poco per volta, e impastare con le mani in modo da ottenere un panetto plastico e non appiccicoso. Stendere il panetto con il mattarello o con le mani formando un disco di circa 1 cm di spessore: bucherellarlo con la forchetta. Fare scaldare una padella antiaderente. Per capire quando è il momento di mettere il disco di impasto sul fuoco, buttare nella padella un po' di farina: quando sarà dorata ma non bruciata, sarà il momento giusto per procedere. Rimuovere la farina, sistemare il disco di impasto in padella e farlo cuocere da entrambi i lati per 5-6 minuti ciascuno, finché non lievita senza bruciare. Tagliare la torta al testo e farcire con salumi o nutella.

PRIMO

MALTAGLIATI IN PADELLA CON CECI E COZZE

Ingredienti

200 g di pasta fresca per lasagne

350 g di ceci precotti

1 kg di cozze fresche e pulite

1 bicchiere di vino bianco secco

2 spicchi di aglio

2 mazzetti di prezzemolo

peperoncino in polvere qb

olio extravergine

sale

40 minuti – 2 persone

In una padella, scaldare un filo di olio con uno spicchio di aglio e unire le cozze. Bagnarle con il vino, mettere il coperchio alla padella e cuocere fino a che non si aprono.

Sgusciare metà delle cozze. Filtrare il liquido di cottura attraverso un colino e tenere il liquido e le cozze da parte.

Frullare circa 80 g di ceci con un po' del liquido di cottura delle cozze in modo da ottenere una crema. Regolare di sale. In un tegame basso e largo, scaldare un filo di olio con lo spicchio di aglio rimasto e un pizzico di peperoncino, unire la crema di ceci frullati e i ceci interi.

Intanto, tagliare la pasta a rombi irregolari: i maltagliati appunto.

Invece di lessarli, aggiungerli crudi al sughetto di ceci, allungando ancora con il liquido di cottura delle cozze fino a che i maltagliati non si sono ammorbiditi. Basteranno pochissimi minuti.

Aggiungere il prezzemolo tritato e le cozze, sia sgusciate sia intere. Mescolare e amalgamare il tutto sul fuoco. Dovrà risultare una via di mezzo tra una pasta e una zuppa.

CROCK CAKE

SECONDO

INGREDIENTI
4 PERSONE

9 fette di pane in cassetta integrale
500 g di besciamella già pronta
135 g di Emmental
6 fette di prosciutto cotto
2 uova
parmigiano qb

PREPARAZIONE

Tagliare la crosta alle fette di pane e tostarlo in forno.
In una ciotola mescolare la besciamella con le uova.
Sporcare la base di una teglia da plumcake con un po' di
salsa, ricoprire con uno strato di pane poi con un primo
strato di besciamella, uno di Emmental grattugiato e infine uno di prosciutto. Continuare così facendo 3 strati di
pane e finendo con la besciamella e una spolverizzata di
parmigiano grattugiato.
Cuocere in forno per 25-30 minuti a 180 °C. Il crock cake
deve essere ben dorato. Lasciar intiepidire leggermente
e servire con un'insalatina.

TEMPO
45'

SCEGLIERE UNA PENTOLA
CAPIENTE, ALTA E AMPIA

IL FRITTO NON FA MALE...

... SE SAI COME FARLO! LA FRITTURA È UN METODO DI COTTURA DIFFUSISSIMO,
E IN TANTI PENSANO CHE NON SIA SALUTARE. IN REALTÀ, È SUFFICIENTE
TENERE PRESENTI ALCUNI ACCORGIMENTI E CI SI PUÒ GODERE UN BEL PIATTO
DI FRITTO MISTO, SENZA SENSI DI COLPA.

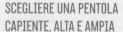

USARE OLIO EXTRAVERGINE
DI OLIVA, OPPURE OLIO
DI ARACHIDI O DI GIRASOLE

NON FRIGGERE MAI CON IL BURRO!

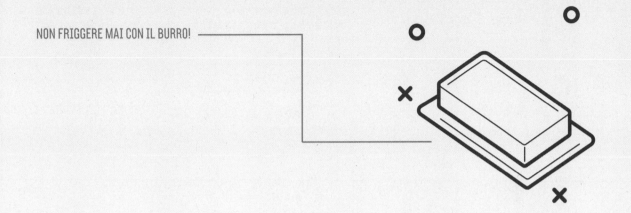

L'OLIO DEVE ESSERE
A 170-180 °C, COSÌ GLI ALIMENTI
FORMERANNO LA CROSTICINA
E ASSORBIRANNO MENO OLIO

IL CIBO DA FRIGGERE
DEVE ESSERE COMPLETAMENTE
IMMERSO NELL'OLIO

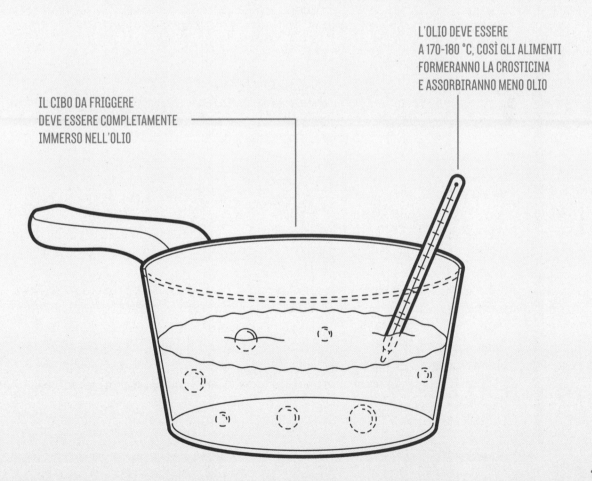

SECONDO

BACCALÀ IN FIORE CON PATATINE

Ingredienti

150 g di baccalà dissalato e ammollato

12 fiori di zucca

200 g di farina

birra qb

1 fetta di pane in cassetta

latte qb

½ cucchiaino di lievito (va bene anche quello per i dolci)

prezzemolo qb

timo qb

patatine fritte surgelate qb

olio di semi per friggere

pepe

30 minuti – per 12 fiori

Togliere eventuali spine al baccalà. Metterlo nel mixer con la fetta di pane, un po' di prezzemolo, timo, pepe e 2 cucchiai di latte. Frullare il tutto.

Prendere i fiori di zucca e togliere il pistillo. Con l'aiuto di un cucchiaino, farcirli con il baccalà e richiuderli.

Mettere la farina in una ciotola, unire il lievito e stemperare con la birra mescolando con una frusta a mano fino a ottenere una pastella densa e non grumosa.

Far scaldare in padella almeno mezzo litro di olio di semi. Quando è a temperatura, cioè quando immergendo la punta di uno stecchino di legno si formeranno tante bollicine, procedere con la frittura. Immergere uno alla volta i fiori ripieni nella pastella, sgocciolarli, chiuderli bene e immergerli nell'olio bollente. Fare cuocere per qualche minuto, prelevarli con una schiumarola e farli sgocciolare sulla carta da cucina. Proseguire così fino a esaurimento degli ingredienti.

Friggere nello stesso olio anche le patatine e servire insieme.

PRIMO

RAVIOLI CARCIOFI E BURRATA

Ingredienti

Per la pasta

200 g di farina 00

2 uova + 1 tuorlo

sale

Per il ripieno

250 g di burrata

2 carciofi

100 g di parmigiano

burro

salvia qb

rosmarino qb

timo qb

sale e pepe

50 minuti – 4 persone

Pulire i carciofi, tagliarli in quarti e metterli a cuocere in acqua bollente salata. Quando saranno pronti, prelevarli con una schiumarola conservando l'acqua di cottura.

Intanto preparare la pasta. Mettere la farina in una ciotola, fare un buco al centro della montagnetta, romperci dentro le uova, unire il sale e incominciare a sbattere le uova con la forchetta in modo che si amalgamino alla farina. Poi impastare con le mani fino a ottenere un impasto plastico e liscio.

Tirare la sfoglia a mano o con la macchinetta fino a ottenere delle strisce e man mano coprirle con la pellicola per alimenti così non si seccano troppo.

Per il ripieno frullare i pezzi di carciofo nel mixer con la burrata e il parmigiano. Regolare di sale e pepe a piacere. Mettere tante cucchiaiate di farcia lungo la striscia di sfoglia fresca ben distanziate l'una dall'altra. Ripiegare la sfoglia in modo da coprire la farcia, premere bene sulla sfoglia per sigillarla e ritagliare i ravioli con un coltello o una rotella dentellata. Lessare i ravioli nell'acqua dei carciofi.

Far soffriggere il burro in padella con salvia, rosmarino e timo.

Scolare i ravioli e ripassarli in padella con le erbe aromatiche. Servire guarniti con qualche ciuffetto di burrata.

SECONDO

FILETTO DI MAIALE CON SALSA ALLE ARACHIDI

Ingredienti

500 g di filetto di maiale

2 cucchiai di arachidi non salate

150 ml di latte

2 cucchiai di miele liquido

½ bicchiere di vino bianco

farina qb

2 cipollotti

1 spicchio di aglio

½ cucchiaio di curry

1 mazzetto di timo

olio extravergine

sale e pepe

Per servire

patatine fritte surgelate

1 ora – 4 persone

Spalmare il filetto di maiale con il miele e condire con abbondante sale e pepe. Infarinare leggermente e farlo rosolare in padella con un goccio di olio. Una volta che è dorato su tutti i lati, sfumare con il vino bianco e lasciare evaporare per qualche minuto.

Trasferire il filetto con il suo sughino in una teglia e aggiungere mezzo bicchiere di acqua. Infornare a 200 °C per 15 minuti, poi abbassare il forno a 170 °C per altri 15 minuti.

Poi preparare le patatine: metterle in forno, ben distribuite su una placca ricoperta di carta forno, a 220 °C per 15 minuti.

Fare la salsa alle arachidi: affettare i cipollotti e rosolarli con l'olio e il curry per qualche minuto. Sfumare con il latte e aggiungere le arachidi e l'aglio. Salare a piacere. Cuocere per circa 10 minuti. Togliere l'aglio e frullare il tutto.

Sfornare l'arrosto e servire il filetto spennellato di salsa al curry, accompagnando con il fondo di cottura e le patatine. Guarnire con il timo.

La salsa al curry e il fondo di cottura si possono servire a parte o insieme.

POLPETTE AL SUGO INFORNATE

SECONDO

INGREDIENTI
4 PERSONE

500 g di carne trita di manzo

80 g di pomodorini secchi

50 g di olive taggiasche denocciolate

250 ml di passata di pomodoro

120 g di mozzarelline

2 fette di pane in cassetta

1 uovo

100 g di parmigiano

basilico qb

olio extravergine

sale e pepe

PREPARAZIONE

Tritare i pomodorini secchi, le olive taggiasche e le fette di pane. Lasciare qualche pomodorino secco intero da parte.

Amalgamare questo composto alla carne trita, aggiungere l'uovo e la metà del parmigiano grattugiato. Formare delle polpette. Metterle in padella con un filo d'olio e la passata di pomodoro, condire con il sale, il pepe e portare a bollore. Quando la salsa bolle trasferire il tutto in una teglia da forno (meglio ancora utilizzare una padella che va direttamente in forno, così si evita di spostare gli ingredienti).

Aggiungere i pomodorini secchi interi e le mozzarelline. Condire con il parmigiano rimasto e infornare a 230 °C per 10 minuti. Dare un po' di colore con qualche fogliolina di basilico e servire.

TEMPO
45'

TORTA DI CIOCCOLATO E BARBABIETOLE

DOLCE

INGREDIENTI
8 PERSONE

75 g di cioccolato fondente

375 g di barbabietole precotte

190 g di farina

250 g di zucchero

40 g di cacao amaro

2 uova + 1 tuorlo

1 bustina di lievito per dolci

175 ml di olio di semi

panna montata (facoltativa)

zucchero a velo qb

PREPARAZIONE

Questa torta si prepara tutta nel frullatore: iniziare frullando le barbabietole e il cioccolato fondente spezzettato. Aggiungere le uova, lo zucchero semolato e l'olio. Frullare ancora, quindi aggiungere la farina e il lievito. Dare un'altra frullata prima di aggiungere il cacao e frullare per un'ultima volta.

Trasferire il composto ottenuto in una teglia rettangolare foderata di carta forno e infornare per 30 minuti a 180 °C. Tagliare a cubetti e spolverare con zucchero a velo. Servire in accompagnamento a panna montata, a piacere.

TEMPO
1h
e 15min

ANTIPASTO o DOLCE

WEST TOAST

Ingredienti

Per il toast salato

2 fette di pane
in cassetta ai 5 cereali

1 mango

100 g di salmone
affumicato

150 g di robiola

basilico qb

olio extravergine

sale e pepe rosa

Per il toast dolce

2 fette di pan brioche

100 g di mascarpone

100 g di robiola

100 g di frutti di bosco

zucchero di canna qb

zucchero a velo qb

menta qb

cannella qb

burro qb

15 minuti per ognuno – per 2 toast salati e 2 toast dolci

Per il toast salato, tostare in padella le fette di pane con un goccio di olio. Mantecare la robiola in una ciotola con un filo di olio, pepe rosa e un pizzico di sale.

Pelare il mango con il pelapatate e, sempre con il pelapatate o con un coltellino affilato, tagliare delle fettine lunghe e sottili di polpa, arrotolandole in modo da ricavare delle roselline.

Spalmare la crema sul pane caldo e decorare con roselline di mango e altrettante roselline fatte con fettine di salmone arrotolate. Completare con pepe rosa e guarnire con alcune foglioline di basilico.

Per il toast dolce, mettere il pane in una padella con po' di burro e un cucchiaio di zucchero di canna. Quando incomincia a caramellare girare il pane in modo che diventi dolce e croccante da entrambi i lati.

Fare una crema mescolando robiola e mascarpone, un cucchiaio di zucchero di canna e un pizzico di cannella.

Spalmare il toast caramellato con la crema e decorarlo con i frutti di bosco e lo zucchero a velo. Guarnire con alcune foglioline di menta.

SBRISOLONA SALATA

ANTIPASTO

INGREDIENTI
6 PERSONE

200 g di farina 00

100 g di farina di mandorle

125 g di burro freddo

150 g di parmigiano

100 g di prosciutto cotto

Emmental a fette qb

1 uovo

1 limone non trattato

pepe nero

nocciole qb

PREPARAZIONE

Unire le farine e il parmigiano grattugiato in una ciotola e mescolare bene. Incorporare anche il burro freddo tagliato a pezzetti e impastare con le mani fino a ottenere un composto sabbioso.

Aggiungere l'uovo, la scorza grattugiata del limone e un pochino di pepe e continuare a impastare finché l'impasto non apparirà simile a una pasta frolla, ma più sabbioso.

Foderare una teglia con la carta forno e versare tre quarti dell'impasto sabbioso sulla base, compattando leggermente con le mani.

Ricoprire con uno strato di Emmental e prosciutto e completare con il resto dell'impasto, sempre senza pressare troppo perché non deve risultare compatto.

Prima di infornare, spezzettare con il coltello le nocciole e cospargerle sulla sbrisolona, che così sarà ancora più croccante.

Completare con un'ultima spolverizzata di parmigiano e infornare a 180 °C per 30 minuti.

TEMPO
1h

DOLCE

CHEESECAKE AL CIOCCOLATO

Ingredienti

350 g di cioccolato extra fondente

250 g di biscotti

200 g di yogurt greco

200 g di formaggio spalmabile

200 ml di panna fresca

100 g di burro

100 g di zucchero a velo

frutti di bosco qb

30 minuti + il tempo di raffreddamento – 8 persone

Scaldare la panna in un pentolino. Quando è quasi a bollore spegnere il fuoco, versarci dentro il cioccolato a scaglie e mescolare bene formando una ganache.

Tritare i biscotti nel mixer. Fondere il burro al microonde, unirlo ai biscotti creando un composto plastico e usarlo per rivestire il fondo di una tortiera da 24 cm: pressarlo bene in modo che sia liscio e uniforme, sarà la base per la cheesecake.

Per la crema, in una terrina, mescolare lo yogurt, il formaggio spalmabile e lo zucchero a velo. Poi unire il composto di cioccolato e amalgamare bene con la frusta a mano (lo yogurt greco, invece del mascarpone che si usa di solito, renderà il dolce più leggero e con una nota acidula!).

Versare nella tortiera e lasciare rassodare in frigo per almeno 2 ore.

Una volta pronta, servire la cheesecake decorando con i frutti di bosco.

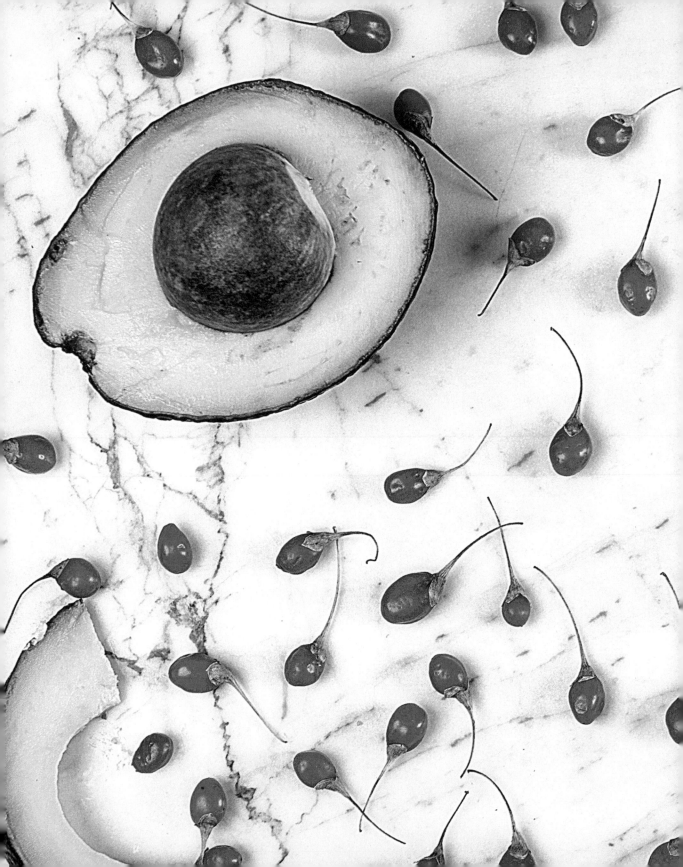

CARRELLO PIENO MA NIENTE DA MANGIARE

QUESTO È IL MIO ERRORE PIÙ FREQUENTE: ARRIVARE ALLA CASSA DEL SU-PERMERCATO CON IL CARRELLO STRAPIENO MA ANCORA IL DILEMMA DI COSA PORTARE IN TAVOLA. TRA GLI ACQUISTI DEL GIORNO CI SONO MOZZARELLE SQUISITE CHE POSSONO SEMPRE VENIRE UTILI, QUELLA NUOVA MARCA DI YO-GURT CHE NON SI PUÒ NON PROVARE, I SUCCHI DI FRUTTA PER I BAMBINI, DEI COPRIMATERASSI IN OFFERTA, LA CREMA PER LE MANI, LE NOCCIOLINE PER L'APERITIVO, UN MAZZO DI FIORI PER IL SOGGIORNO... SÌ, MA PER CENA? ECCO ALLORA ALCUNE REGOLE BASE PER EVITARE QUESTO IMPACCIO.

- PREPARARE UNA LISTA SCRITTA E MEDITATA DI QUELLO CHE CI SERVE E SBIZZARRIRCI CON GLI ACQUISTI EXTRA SOLO DOPO AVER COMPRATO TUTTO IL NECESSARIO, FIDUCIOSI CHE NEL CARRELLO RESTERÀ BEN POCO SPAZIO.

- QUESTO SI SA: MAI ANDARE A FARE LA SPESA AFFAMATI!

- PRIMA DI ACQUISTARE UNA NUOVA TOVAGLIA, IL TERZO BOLLITORE O UNO STOCK DI TRENTACINQUE BUSTINE DI TÈ INGLESE INDIVIDUARE MENTALMENTE IL LUOGO DOVE ANDREMO A RIPORRE QUEGLI OGGETTI IN CASA NOSTRA E FARSI QUESTA DOMANDA: ABBIAMO DAVVERO SPAZIO?

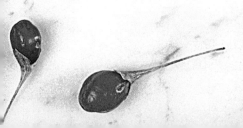

PRIMO

TRENETTE NOCI E CARCIOFI

Ingredienti

300 g di trenette

150 g di noci

2 carciofi

100 g di ricotta freschissima

2 fette di pane in cassetta

1 bicchiere di latte (50 ml circa)

1 spicchio di aglio

1 rametto di menta

1 mazzetto di prezzemolo

olio extravergine

sale

30 minuti – 4 persone

Tritare nel mixer le noci con il pane in cassetta. Aggiungere il latte, la ricotta e mezzo spicchio di aglio. Salare e tritare ancora in modo da ottenere un pesto cremoso.

Pulire i carciofi: eliminare le foglie esterne più dure fino a scoprire le prime tenere. Tagliare le punte quindi dividerli in 4 spicchi e con un coltellino eliminare la peluria interna. Infine tagliare a fettine sottilissime. Metterle a bagno in una bacinella di acqua con una fettina di limone per non farle annerire. In alternativa, si può usare la farina stemperandone prima un cucchiaio raso nell'acqua.

Cuocere la pasta in abbondante acqua bollente salata.

Intanto, in una padella, scaldare un filo di olio, farvi appassire l'altro mezzo spicchio di aglio, unire i carciofi e farli rosolare per qualche minuto così da lasciarli croccanti. Aggiungere le foglie di menta e il prezzemolo.

Quando la pasta è cotta ma al dente scolarla e condirla con la salsa di noci e un goccio di acqua di cottura per rendere il condimento più cremoso.

Suddividere nei piatti distribuendo i carciofi su ogni porzione.

PIATTO
UNICO

Ingredienti

Per la piadina

200 g di farina

20 g di strutto

1 pizzico di lievito

miele qb

Per la farcitura

2 peperoni
(1 giallo e 1 rosso)

100-150 g di salsa di
pomodoro all'origano

1 mozzarella di bufala

1 cipolla rossa

2 spicchi di aglio

basilico qb

olio extravergine

sale

PIADINA PEPERONATA E BUFALA

40 minuti – per 2 piadine

Iniziare dalla farcitura. Affettare la cipolla rossa e farla rosolare con un cucchiaio di olio e uno spicchio di aglio.

Tagliare a listarelle i peperoni e aggiungerli al soffritto con un pizzico di sale. Unire anche un po' di salsa di pomodoro, mescolare e far cuocere con il coperchio a fuoco basso.

Intanto preparare la piadina. Mescolare insieme la farina e il lievito. Unire lo strutto ammorbidito, il miele e 100 ml circa di acqua tiepida. Impastare con le mani fino a ottenere un panetto morbido e liscio. Se c'è tempo, lasciare riposare l'impasto per una mezz'ora, altrimenti procedere subito dividendolo a metà e stendendo entrambe le parti con un mattarello ricavando 2 dischi, ovvero 2 piadine, di uguale grandezza.

Spegnere il fuoco sotto la peperonata, che nel frattempo sarà cotta.

Cuocere la piadina su una padella ben calda, bucherellando l'impasto con la forchetta in modo da facilitare la cottura. Girare e cuocere anche sull'altro lato.

Procedere nello stesso modo con la seconda piadina e farcirle ancora calde con la peperonata e la mozzarella di bufala a fette, aggiungere a piacere qualche fogliolina di basilico.

SECONDO

POLLO KENTUCKY

Ingredienti

Per il pollo

1 petto di pollo

250 g di farina

2 uova

1 cucchiaio di sciroppo d'acero (o miele)

olio di semi per friggere

Spezie

1 cucchiaio di zenzero secco

1 cucchiaio di timo

4 cucchiai di paprika dolce

1 cucchiaio di origano

cipolla liofilizzata qb

2 cucchiai di sale

1 cucchiaino di pepe

Per la salsa marinara

300 g circa di salsa di pomodoro già pronta al peperoncino

1 spicchio di aglio

basilico qb

zucchero

sale

40 minuti – 4 persone

Preparare la salsa marinara facendo cuocere la salsa di pomodoro con l'aglio, il sale, lo zucchero e il basilico per 20 minuti circa a fuoco basso con il coperchio.

Tagliare il pollo a cubetti e condirlo con un po' di sciroppo d'acero o di miele.

Preparare la panatura: miscelare la farina e le spezie. A parte sbattere le uova in un contenitore capiente.

Scaldare l'olio per friggere in una pentola dai bordi alti. Passare i pezzi di pollo prima nell'uovo e poi nella panatura. Friggerli nell'olio bollente fino a che non sono croccanti e dorati, poi servirli accompagnati dalla salsa marinara a parte.

PIATTO UNICO

PIZZA GOURMET

Ingredienti

300 g di pasta per pizza già pronta

olio extravergine

sale

Per il primo spicchio

lardo qb

miele qb

30 g di nocciole

rosmarino qb

Per il secondo spicchio

6 acciughe sott'olio

3 fiori di zucca

1 cipolla rossa

Per il terzo spicchio

tacchino arrosto qb

100 g di tonno sott'olio

4 cucchiai di maionese

capperi qb

2-3 pomodorini

Per il quarto spicchio

1 burrata

prosciutto crudo qb

40 minuti + 40 di lievitazione – 4 persone

Far lievitare l'impasto pronto per la pizza per almeno 40 minuti, coperto da un panno (oppure metterlo in forno a circa 30 °C per 20 minuti).
Stenderlo in forma rotonda, allargandolo con le mani sulla placca foderata con carta forno. Bagnare la superficie con un mix di acqua e olio (ne basta un dito in un bicchiere) e cuocere per 10 minuti a 220 °C.
Mentre la pizza cuoce preparare tutti gli ingredienti per le 4 guarnizioni.
Per il primo spicchio - lardo, miele e nocciole - tritare le nocciole e sminuzzare il rosmarino. Una volta sfornata la pizza, questo andrà guarnito per primo, in modo che il lardo si sciolga un po' a contatto con la pizza calda.
Per il secondo spicchio - fiori di zucca con alici - tagliare a rondelle la cipolla e metterla a soffriggere in una padella con l'olio e le alici. Spegnere il fuoco e aggiungere i fiori di zucca in modo che si scaldino ma non appassiscano. Condire con olio e un pizzico di sale.
Per il terzo spicchio - affettato di tacchino arrosto con salsa tonnata - frullare la maionese, i capperi e il tonno sgocciolato. Tagliare i pomodorini.
Per il quarto spicchio - burrata e prosciutto crudo - tagliare la burrata a fette. Una volta sfornata la pizza tagliarla in 4 spicchi e guarnire ogni spicchio con un diverso condimento, come nella fotografia.

TRE CONSIGLI DI BENEDETTA

CONCEDIAMOCI UN GIORNO ALLA SETTIMANA PER UNO STRAPPO ALLA REGOLA. IN MOLTI SCELGONO IL SABATO O LA DOMENICA, QUANDO SI È IN VACANZA E CI SI RILASSA. IO INVECE, CON UN MARITO TELECRONISTA CHE LAVORA TUTTO IL WEEKEND, HO SCELTO IL LUNEDÌ: PECCATO CHE QUASI TUTTI I MIEI RISTORANTI PREFERITI SIANO CHIUSI!

UNO DEI SEGRETI PER UN'ALIMENTAZIONE SANA È MANGIARE IL PIÙ POSSIBILE IN MANIERA VARIA, PER ASSUMERE TUTTI I PRINCIPI NUTRITIVI CHE SERVONO AL NOSTRO ORGANISMO E PER LAVORARE IN MANIERA EQUILIBRATA. IN QUEST'OTTICA SONO MOLTI I NUTRIZIONISTI FAVOREVOLI A UN BUON FRITTO UNA VOLTA OGNI TANTO! EVVIVA!

L'IDEALE DOPO UNA SCORPACCIATA È FARE UN PO' DI MOVIMENTO. NON CERTO ANDARE IN PALESTRA SUBITO DOPO ESSERCI ALZATI DA TAVOLA, MA UNA BELLA PASSEGGIATA FA BENE AL FISICO, ALLA DIGESTIONE E ALL'UMORE. DA QUANDO SNOOP DOGG, IL NOSTRO CAGNOLINO, È ENTRATO IN FAMIGLIA, IO ED ELEONORA CI CONCEDIAMO UNA PASSEGGIATA OGNI SERA DOPO CENA. CHE PIOVA O SI GELI QUESTO È IL NOSTRO MOMENTO. QUANDO TORNIAMO SIAMO MOLTO PIÙ LEGGERE E CARICHE DI ENERGIA DEL RESTO DELLA FAMIGLIA CHE È RIMASTO A CASA A SONNECCHIARE SUL DIVANO.

TAGLIATELLE CON BROCCOLI E RAGÙ DI COTECHINO

(PRIMO)

INGREDIENTI
2 PERSONE

• •

250 g di tagliatelle

1 broccolo (400 g circa)

2 fette di cotechino

1 spicchio di aglio

olio extravergine

TEMPO
25'

PREPARAZIONE

• •

Dividere il broccolo in cimette e farlo lessare in una pentola piena di acqua bollente salata. Scolarlo con una schiumarola in modo da mantenere l'acqua.

In una padella rosolare l'aglio con un po' di olio, unire le fette di cotechino sbriciolate come un ragù, aggiungere anche i broccoli e fare insaporire tutto insieme.

Nel frattempo lessare le tagliatelle nell'acqua dei broccoli. Scolarle (tenendo da parte un po' di acqua) e metterle in padella con il condimento, mantecando il tutto con un po' dell'acqua di cottura conservata.

SECONDO

POLPETTE IN CROSTA

INGREDIENTI
4 PERSONE

300 g di carne trita di manzo
1 rotolo di pasta per pizza già stesa
50 g di parmigiano
50 g di groviera
1 fetta di pane in cassetta
1 uovo
latte qb
ketchup qb
farina qb
olio extravergine
sale

PREPARAZIONE

In una ciotola spezzettare il pane in cassetta e bagnarlo con qualche cucchiaio di latte, poi spappolarlo con le mani. Unire la carne, il parmigiano grattugiato, l'uovo e il sale e impastare con le mani fino ad avere un composto omogeneo. Confezionare delle palline grandi come quelle da ping pong, infarinarle leggermente e rosolarle in padella con un filo di olio per pochi minuti: devono dorare all'esterno, ma non cuocere completamente. Aggiustare di sale e farle intiepidire.

Nel frattempo srotolare la pasta della pizza e dividerla in quadrati di circa 5-6 cm per lato. Spennellare ogni quadrato con il ketchup e spolverizzare con un po' di groviera grattugiato con la grattugia a fori larghi.

Sistemare su ogni quadrato una polpetta e richiuderla con la pasta della pizza. Spennellare con olio e ketchup e disporle in una teglia foderata di carta forno. Cuocere a 200 °C in forno ventilato per 10-15 minuti. Servire calde o tiepide.

TEMPO
40'

SECONDO

TACCHINO DI NATALE A PEZZI

Ingredienti

4,5 kg di tacchino
(2 cosce, 2 sovracosce,
2 ali)

1 spicchio di aglio

vino bianco qb

olio extravergine

sale e pepe

Per la farcitura

200 g di castagne
precotte

200 g di pancetta
affumicata

1 scalogno

salvia qb

Per il contorno

350 g di cavolini
di Bruxelles

250 g di patate dolci

2 ore e 30 minuti – 8-10 persone

Iniziare dalla preparazione della farcitura. Affettare lo scalogno e rosolarlo in padella con la pancetta. Quando la pancetta incomincia a prendere colore, aggiungere anche le castagne, mezzo bicchiere di acqua, qualche foglia di salvia e il sale e fare cuocere per circa 20 minuti.

Intanto, disporre su una placca foderata di carta forno i pezzi di tacchino unti di olio e ben salati e pepati e lo spicchio di aglio. Cuocere in forno per 20 minuti a 220 °C, poi bagnare con un po' di vino, circa un bicchiere, coprire con la carta stagnola e continuare la cottura per un'ora. Trascorso questo tempo aggiungere le castagne e la pancetta cotte in padella e cuocere per altri 30 minuti senza stagnola, fino a che la carne non è tenera e ben dorata. Togliere dal forno e lasciare riposare per circa 15-20 minuti coperto dalla stagnola prima di servire con un accompagnamento di cavolini e patate dolci (vedi la ricetta a p. 237).

TACOS
IN SALSA
MAIOCADO

ANTIPASTO

INGREDIENTI
PER 4 TACOS

4 tacos

12 mazzancolle

1 cespo piccolo di iceberg

1 avocado maturo

1 cucchiaio di sciroppo d'acero

1 spicchio di aglio

1 limone

coriandolo qb

erba cipollina qb

tabasco qb

olio extravergine

sale

PREPARAZIONE

Sgusciare le mazzancolle. Cuocerle a fuoco alto per po-chissimi minuti in padella con un filo di olio, l'aglio e un pizzico di sale. Tenerle da parte.
Tagliare a listarelle l'insalata iceberg.
Per la maiocado: mettere la polpa dell'avocado nel vaso del mixer con il succo di mezzo limone, lo sciroppo d'ace-ro, il coriandolo, l'erba cipollina, un pizzico di sale e il ta-basco. Frullare fino a ottenere un composto omogeneo.
Aggiungere l'olio a filo e continuare a frullare in modo da montare il composto proprio come una maionese.
Aggiustare di sale e limone se necessario.
Mescolare la maiocado con l'insalata iceberg. Farcire i tacos con questo composto e completare con le mazzan-colle.

TEMPO
30'

SECONDO

CURRY DI SEPPIE

INGREDIENTI
4 PERSONE

700 g di seppioline pulite fresche o surgelate

1 cipollotto

100 ml di latte di cocco

200-300 ml di latte

zenzero fresco qb

curry in polvere qb

2 lime non trattati

olio extravergine

pepe

PREPARAZIONE

Rosolare dolcemente il curry in una padella unta di olio. Affettare il cipollotto e aggiungerlo al curry. Unire anche le seppie e fare insaporire il tutto.

Mescolare il latte di cocco al latte normale. Versarlo nella padella, aromatizzare con qualche centimetro di zenzero grattugiato e la scorza dei lime. Abbassare la fiamma, coprire con il coperchio e cuocere a fuoco basso per 40 minuti.

A fine cottura, quando il sugo si è asciugato e la salsa è cremosa, completare con un po' di succo di lime e pepe.

TEMPO
1h

"IL GIORNO IN CUI SCOPRIREMO CHE UN METEORITE SI STA DIRIGENDO VERSO LA TERRA E CI RESTA SOLO UN MESE DI VITA, IO LO PASSERÒ TUTTO A MANGIARE BURRO. QUESTA È LA MIA ULTIMA PAROLA SULL'ARGOMENTO. IL BURRO NON È MAI ABBASTANZA."

– NORA EPHRON, JULIE AND JULIA –

INSALATA DI ZUCCA E BACON

CONTORNO

INGREDIENTI
4 PERSONE

* * * * * * * * * * * * * * * * * *

400 g di zucca decorticata

150 g di soncino

100 g di bacon

3 pomodori camone verdi

3 fette di pane in cassetta

salvia qb

aceto balsamico

olio extravergine

sale grosso e fino

PREPARAZIONE

* * * * * * * * * * * * * * * * * * * *

Disporre la zucca a tocchetti su una teglia rivestita di carta forno, condire con un poco di olio, sale grosso e salvia e cuocere per 20 minuti a 200 °C nel forno ventilato.

Nel frattempo rosolare il bacon in padella, senza aggiungere altro condimento, fino a che non diventa ben croccante. Scolarlo e lasciarlo da parte.

Tagliare a cubetti il pane e rosolarlo nella stessa padella del bacon.

Tagliare a spicchi i pomodori e lavare l'insalata.

Unire tutti gli ingredienti e condirli a piacere con un po' di sale e aceto balsamico.

TEMPO
30'

 ANTIPASTO

AVOCADO TOAST

INGREDIENTI
2 PERSONE

· ·

1 avocado maturo

2 fette di pane casereccio

2 uova

aceto di vino bianco o rosso

peperoncino secco

olio extravergine

sale e pepe

PREPARAZIONE

· ·

Far tostare le fette di pane, nel frattempo sbucciare l'avocado, eliminare il nocciolo e, in una ciotola, schiacciare grossolanamente la polpa con la forchetta, quindi condire con un pizzico di sale, un filo d'olio e pepe e peperoncino a piacere.

A questo punto preparare le uova poché: si può procedere come spiegato a pagina 31 oppure riempire un pentolino d'acqua e portarla a ebollizione, aggiungere mezzo cucchiaio di aceto e abbassare la fiamma in modo da portare l'acqua a sobbollire leggermente. A questo punto, girando con un cucchiaio, creare un vortice all'interno del quale far scivolare l'uovo precedentemente sgusciato. Continuare a mescolare attorno all'uovo con delicatezza in modo che l'albume si solidifichi attorno al tuorlo. Quando è pronto, scolare con una schiumarola e adagiarlo sul toast con l'avocado. Salare a piacere e servire.

TEMPO
15'

VEGETARIANI PART-TIME

LE RICETTE SENZA NÉ CARNE NÉ PESCE

— CAPITOLO 4 —

Io e la mia famiglia non siamo vegetariani. Nonostante ciò amiamo moltissimo le verdure e ne mangiamo in quantità. Come ho fatto a convincere i miei figli ad apprezzarle? La risposta è semplice: con naturalezza, senza imposizioni ma con il buon esempio. Ecco tante ricette e alcuni spunti per introdurre un regime alimentare molto ricco di verdure: per sedersi a tavola sempre con il sorriso.

POLPETTONE ALLA LIGURE

SECONDO

INGREDIENTI
4 PERSONE

700 g di patate

300 g di fagiolini

100 g di pesto

2 uova

100 g di parmigiano
+ qb per spolverizzare

50 g di pangrattato
+ qb per spolverizzare

olio extravergine

sale

PREPARAZIONE

Pulire i fagiolini e pelare e tagliare a cubetti le patate, poi mettere il tutto a bollire per circa 20 minuti in acqua salata.

Quando sono cotte, scolare le verdure, frullarle e trasferirle in una ciotola. Unire le uova, il pangrattato e il parmigiano grattugiato. Salare. Dovrà risultare un composto plastico tipo purè.

Foderare di carta forno una teglia quadrata o rettangolare. Versare metà del composto, livellarlo, farcire con un leggero strato di pesto e coprire versando sopra il resto del composto. Spolverizzare con altro pangrattato e parmigiano e praticare delle scanalature con i rebbi della forchetta per favorire la gratinatura della superficie. Completare con un filo di olio e cuocere a 180 °C per 40 minuti in forno ventilato. Sfornare e servire.

TEMPO
1h
e 30min

SECONDO

CRESPELLE ALLE VERDURE

Ingredienti

Per le crespelle

120 g di farina integrale

200 ml di latte

2 uova

erba cipollina qb

burro qb

olio extravergine

sale

Per il ripieno

1 peperone

1 carota

1 zucchina

1 porro

1 pomodoro

olio extravergine

sale

Per la besciamella

200 ml di latte

20 g di burro

20 g di farina

noce moscata

sale

40 minuti – per 6 crespelle

Per preparare le crespelle, mescolare le uova con la farina integrale, il latte e un filo di olio formando una pastella senza grumi. Salare e lasciare riposare. Nel frattempo, per il ripieno, tagliare a tocchetti la carota, il porro, la zucchina, il peperone e il pomodoro e rosolare con un poco di olio e sale.

Preparare la besciamella. Unire il burro e la farina direttamente nella padella delle verdure, quando la farina è ben rosolata versare il latte poco per volta e mescolare fino a ottenere una besciamella densa e vellutata. Salare e aromatizzare con una grattugiata di noce moscata.

Fare le crespelle versando un mestolo di pastella in una padella unta di burro. Inclinare la padella in modo che l'impasto la ricopra tutta e lasciare cuocere fino a che non si addensa. Girare la crespella e farla dorare anche sull'altro lato. Continuare fino a esaurimento della pastella.

Farcire ogni crespella con una cucchiaiata abbondante di besciamella alle verdure e richiudere le crespelle a fagottino aiutandosi con l'erba cipollina leggermente sbollentata, in modo che diventi flessibile e non si spezzi.

RADICCHIO TARDIVO IN AGRODOLCE

CONTORNO

INGREDIENTI
2 PERSONE

2 cespi di radicchio tardivo
1 cipolla rossa
1 cucchiaio di pinoli
1 cucchiaio di uvetta
1 cucchiaio di zucchero di canna
1 cucchiaio di aceto
olio extravergine
sale

PREPARAZIONE

Tagliare la cipolla ad anelli e farla rosolare dolcemente in padella, con un filo d'olio, assieme a uvette e i pinoli per pochi minuti, poi aggiungere il radicchio tagliato a listarelle e aggiustare di sale.

Continuare a cuocere per circa 10 minuti fino a che il radicchio non sarà morbido. A questo punto aggiungere lo zucchero e sfumare con l'aceto. Bisogna sempre assaggiare per vedere se il rapporto tra aceto, zucchero e sale è giusto. In caso correggere con qualche aggiunta.

Cuocere ancora per pochi minuti e servire.

TEMPO
20'

INSALATA INVERNALE DI RISO ROSSO

PRIMO

INGREDIENTI
4 PERSONE

· · · · · · · · · · · · · · · · · · ·

300 g di riso rosso

250 g di cavolini di Bruxelles

60 g di noci

1 porro

1 grappolo piccolo di uva nera

2 cucchiai di bacche di goji

1 rametto di rosmarino

olio extravergine

sale e pepe

PREPARAZIONE

· ·

Fare bollire in acqua salata i cavolini con il porro taglia-to a bastoncini per 8 minuti. Scolare con una schiuma-rola (conservando l'acqua di cottura) e trasferire in una teglia foderata di carta forno. Nella stessa acqua fare bollire il riso per circa 25 minuti.

Nel frattempo aggiungere nella teglia, insieme ai porri e ai cavolini, anche le noci, l'uva e il rosmarino. Condire con olio, sale e pepe e cuocere a 200 °C in forno venti-lato per 15 minuti circa, fino a che le verdure non sono ben abbrustolite. 5 minuti prima di estrarre dal forno aggiungere le bacche di goji. Non prima, se no bruciano. Togliere dal forno, scolare il riso ormai pronto, condirlo con olio e sale e servire con le verdure cotte al forno.

TEMPO
45'

SPENDERE MENO E SPENDERE MEGLIO

FARE LA SPESA È DIVENTATO SEMPRE PIÙ COSTOSO, MA CON QUALCHE AC-
CORGIMENTO – CHE SI METTE A PUNTO CON L'ESPERIENZA E CHE MAGARI UNA
PERSONA GIOVANE ALLE PRIME ARMI O UN UOMO NON AVVEZZO A FARE LA
SPESA NON CONOSCE – SI PUÒ RISPARMIARE FACILMENTE.

– PER LIMITARE IL CONSUMO DI AFFETTATI (CHE SONO COSTOSI, NON MOLTO
SALUTARI E VANNO A MALE IN FRETTA) IO HO PRESO UN'AFFETTATRICE.
COSÌ COMPRO UN PEZZO DI PROSCIUTTO INTERO, CHE IN PROPORZIONE COSTA
MENO, CHE VIENE CONSUMATO CON PIÙ PARSIMONIA, NON FOSSE ALTRO CHE
PER LA NOIA DI DOVERSI AFFETTARE OGNI PORZIONE DA SOLI.

– L'INSALATA IN BUSTA È PIÙ PRATICA MA MOLTO PIÙ CARA DI QUELLA SFUSA.
COMPRIAMONE UN BEL CESPO ABBONDANTE E POI LAVIAMOLO, METTIAMO UNO
STRATO DI CARTA DA CUCINA IN UNA CIOTOLA, SISTEMIAMOCI LE FOGLIE SE-
PARATE E ASCIUTTE E TAPPIAMOLA CON LA PELLICOLA. COSÌ IN FRIGO DURERÀ
PER GIORNI.

– QUANDO ANDIAMO AL MERCATO NON FERMIAMOCI MAI AL PRIMO BANCO, MA
ESPLORIAMO TUTTE LE OFFERTE FINO IN FONDO. SICURAMENTE PIÙ AVANTI
TROVEREMO LO STESSO PRODOTTO A UN TERZO DEL PREZZO.

– MEGLIO COMPRARE UN PESCE SURGELATO DI CUI CONOSCIAMO LA PROVENIEN-
ZA, CHE UN PESCE FRESCO DI CUI NON SIAMO DEL TUTTO SICURI. IL PESCE, SO-
PRATTUTTO QUANDO IL PRODOTTO VIENE SURGELATO IN ALTO MARE, MAN-
TIENE INALTERATE TUTTE LE SUE PROPRIETÀ E COSTA INFINITAMENTE MENO.
SE LO CUCINIAMO CON CURA, NESSUNO SI ACCORGERÀ DELLA DIFFERENZA!

CONTORNO

TEGLIA DI CAVOLINI E PATATE DOLCI

INGREDIENTI
2 PERSONE

. . . .

350 g di cavolini di Bruxelles
250 g di patate dolci
noce moscata qb
olio extravergine
sale

PREPARAZIONE

. . . .

Sbucciare e tagliare a tocchetti le patate dolci. Sbollentare per 5 minuti i cavolini. Mettere le verdure in una teglia foderata di carta forno e condire con olio, sale e una grattugiata di noce moscata. Cuocere a 200 °C in forno ventilato per 15-20 minuti fino a che le verdure non sono ben rosolate.

TEMPO
30'

CREMA DI BROCCOLI THAI

PRIMO

INGREDIENTI
4 PERSONE

600 g di cime di broccoli

100 ml di latte di cocco

1 porro

1 avocado maturo

15-18 noci di macadamia

3 fette di pane in cassetta

1 spicchio di aglio

peperoncino qb

olio extravergine

sale

PREPARAZIONE

Affettare il porro ad anelli conservando la parte verde. In una pentola, rosolare il porro con un goccio di olio, lo spicchio di aglio leggermente schiacciato e un pizzico di peperoncino. Mentre il porro soffrigge, aggiungere i broccoli e fare insaporire.
Aggiungere acqua a filo e un pizzico di sale.
Tritare grossolanamente le noci, tagliare a cubetti il pane e tritare la parte verde del porro. Mettere tutto in una padella con un filo di olio e tostare. Tenere da parte.
Una volta che i broccoli sono morbidi spegnere il fuoco.
Aggiungere il latte di cocco e unire l'avocado a pezzi.
Frullare il tutto con il frullatore a immersione e aggiustare di sale, se necessario.
Servire con i crostini di pane e le noci e aggiungere striscioline di porro, per decorare.

TEMPO
40'

GUACAMOLE CON CRUDITÉ

ANTIPASTO

INGREDIENTI
2 PERSONE

1 avocado maturo
1 sedano
1 carota
1 piccolo cipollotto rosso
3 pomodorini
½ limone
sale

PREPARAZIONE

Sbucciare l'avocado, oppure aprirlo in 2, privarlo del nocciolo e prelevare la polpa con un cucchiaio. Metterlo nel frullatore insieme al succo del limone e a un pizzico di sale, unire anche il cipollotto e i pomodori, quindi frullare fino a ottenere una crema. In alternativa si può frullare con il frullatore a immersione. Assaggiare e aggiustare eventualmente il sapore a seconda dei gusti, aggiungendo sale o limone.
Affettare sedano e carote a bastoncino e servirli insieme al guacamole.

TEMPO
20'

VELLUTATA DI ZUCCA E CURCUMA

PRIMO

INGREDIENTI
4 PERSONE

400 g di zucca decorticata

1 radice di curcuma

3 porri

2 carote

1 patata

100 ml di panna fresca

4 fette di pane in cassetta

parmigiano grattugiato qb

olio extravergine

sale e pepe

PREPARAZIONE

Affettare i porri, tagliare la zucca a pezzetti, pulire le carote e tagliarle a pezzi, sbucciare e affettare la patata. Mettere le verdure in una pentola dai bordi alti. Unire anche la curcuma sbucciata e coprire di acqua a filo. Cuocere la zuppa a fuoco dolce con il coperchio per circa mezz'ora.
Nel frattempo tagliare il pane a cubetti e tostarlo in una padella con pochissimo olio fino a che non diventa dorato e croccante. Spegnere il fuoco e spolverizzare con il parmigiano. Quando le verdure sono morbide, aggiungere la panna, frullare la vellutata, regolare di sale e servire con i crostini e una spolverizzata di pepe.

TEMPO
45'

CARBONARA DI CARCIOFI

PRIMO

INGREDIENTI
4 PERSONE

350 g di penne
3 carciofi
3 uova (2 intere + 1 tuorlo)
50 g pecorino
1 spicchio di aglio
prezzemolo qb
limone
olio extravergine
sale

PREPARAZIONE

Per cominciare pulire i carciofi: eliminare le foglie esterne più dure fino a scoprire le prime tenere. Tagliare la punta del carciofo quindi dividerlo in quattro spicchi e con un coltellino eliminare la peluria interna. Infine tagliare a fettine sottilissime. Metterle a bagno in una bacinella di acqua con una fetta di limone per non farli annerire. In alternativa, si può usare la farina stemperandone prima un cucchiaio raso nell'acqua.

In una padella mettere l'aglio leggermente schiacciato con un po' di olio. Unire i carciofi e rosolarli con il coperchio aggiungendo qualche cucchiaio di acqua affinché non brucino. Devono avere una cottura veloce, 5 minuti saranno sufficienti. Quando sono morbidi spegnere il fuoco. Lessare la pasta. Nel frattempo in una ciotolina sbattere le uova e il tuorlo con il pecorino, tenendone un po' da parte da mettere alla fine sul piatto. Scolare la pasta tenendo via un po' di acqua di cottura. Unire la pasta alla padella dei carciofi. Mescolare senza accendere il fuoco, poi aggiungere l'uovo, amalgamare il tutto e, se necessario, per rendere il sugo più cremoso unire un po' dell'acqua di cottura tenuta da parte. Servire con pepe, prezzemolo e altro pecorino.

TEMPO
30'

ANTIPASTO

MUFFIN DI ZUCCHINE E MENTA

Ingredienti

2 zucchine grandi

280 g di farina 00

200 ml di latte

2 uova

1 bustina di lievito istantaneo per torte salate (16 g)

50 g di parmigiano grattugiato

1 cucchiaio di curcuma

75 ml di olio extravergine

sale e pepe

Per il frosting

1 mazzo di menta fresca

250 g di formaggio spalmabile

50 g di yogurt greco

olio extravergine

sale e pepe

1 ora – per 12 muffin

In una ciotola sbattere le uova, aggiungere l'olio, il parmigiano e la curcuma, il latte e infine la farina e il lievito. Salare leggermente. Mescolare fino a ottenere un composto liscio.

Con la grattugia a fori larghi, grattugiare le zucchine a crudo, direttamente nell'impasto, e mescolare bene.

Imburrare i pirottini e riempirli con l'impasto per tre quarti. Cuocere in forno a 180 °C per 20 minuti.

Una volta sfornati i muffin, mentre si raffreddano, preparare il frosting.

Unire il formaggio spalmabile e lo yogurt. Aggiungere un cucchiaio di olio, un pizzico di sale, pepe e la menta tritata, tenendone da parte qualche fogliolina per la decorazione.

Scavare all'interno del muffin (completamente raffreddato) con un levatorsoli o un coltellino affilato formando un buco. Con una siringa da pasticcere inserire all'interno un po' di frosting e poi decorare la parte superiore del muffin con un ricciolo. Un'alternativa più semplice è quella di decorare la parte superiore del muffin senza bucarlo.

Guarnire con una foglia di menta.

PRIMO

SPAGHETTI ALLA NERANO

INGREDIENTI
4 PERSONE

350 g di linguine
8 zucchine
100 g di pecorino semifresco
1 spicchio di aglio
basilico qb
1 l di olio di semi
olio extravergine
sale e pepe

PREPARAZIONE

Tagliare le zucchine a fettine sottilissime. Scaldare l'olio di semi in una padella. Quando è a temperatura friggere le rondelle di zucchine. Non appena iniziano a dorare, scolarle su carta da cucina, salarle e lasciarle raffreddare.
Lessare le linguine in acqua salata.
Frullare con il frullatore a immersione un terzo delle zucchine con un pizzico di sale, un po' di acqua di cottura e qualche foglia di basilico. Deve diventare una crema.
Fare insaporire le rimanenti zucchine in una padella con l'aglio schiacciato e un goccino di olio extravergine, per 2-3 minuti.
Mettere da parte un po' di acqua di cottura e scolare le linguine al dente. Trasferire la pasta nella padella con le zucchine e fare insaporire a fuoco vivace. Unire la purea di zucchine. Spegnere il fuoco, aggiungere il formaggio, un po' di acqua di cottura e fare mantecare il sugo prima di servire.
Completare con una macinata di pepe e servire.

TEMPO
45'

POMODORI VERDI FRITTI MA NON FRITTI

CONTORNO

INGREDIENTI
4 PERSONE

6 pomodori verdi

200 g di gorgonzola

2 uova

50 ml di panna fresca

100 g di pangrattato

1 cucchiaio di farina di mais per polenta

farina qb

olio extravergine di oliva

PREPARAZIONE

Preparare tre piatti fondi: in uno mischiare il pangrattato e la farina di mais, in un altro sbattere le uova e nell'ultimo mettere la farina.

Tagliare i pomodori a fette alte un cm e passarli nella farina, poi nelle uova e infine nel composto di pangrattato e farina di mais, schiacciando bene in modo da avere una panatura dura e compatta.

Invece di friggerli, sistemarli in una teglia coperta da carta forno e unta di olio. Condire ogni pomodoro con un altro filo di olio e passare nel forno caldissimo, a 230 °C funzione grill per pochi minuti, in modo che si formi una bella crosticina croccante. Se necessario girarli sull'altro lato in modo che gratinino bene.

Preparare una mousse al formaggio frullando gorgonzola e panna. Per una maggiore cremosità aggiungere altra panna.

Servire i pomodorini tiepidi con la mousse.

TEMPO
30'

PENNE AL PESTO PICCANTE

PRIMO

INGREDIENTI
4 PERSONE

300 g di penne
100 g di pomodorini
30 g di capperi sott'aceto
1 mozzarella di bufala
8 foglie di basilico
½ spicchio di aglio
peperoncino in polvere qb
prezzemolo qb
4 cucchiai di olio extravergine

PREPARAZIONE

Cuocere la pasta in abbondante acqua bollente salata. Preparare il pesto: mettere nel vaso del mixer i capperi, unire una manciata di foglie di prezzemolo, il basilico, il mezzo spicchio di aglio sbucciato e privato dell'anima centrale, l'olio e un pizzico di peperoncino. Unire anche una fetta di mozzarella e tanta acqua di cottura della pasta quanto basta per rendere il pesto cremoso.
Scolare le penne. Condirle con il pesto, aggiungere poi i pomodorini tagliati a metà e la mozzarella rimasta, a dadini.
Questa pasta può essere gustata calda, ma è ottima anche fredda.

TEMPO
20'

PRIMO

PANCOTTO
A MODO MIO

Ingredienti

2 fette di pane tipo Altamura

1 cespo di cime di rapa

100 g di pomodorini

20 g di olive taggiasche denocciolate

1 peperoncino

1 burrata

½ cipolla

2 spicchi di aglio

olio extravergine

30 minuti – 4 persone

Pulire le cime di rapa eliminando i gambi duri e farle bollire in acqua salata. Nel frattempo, tagliare un paio di fette spesse di pane di Altamura e ridurle a cubotti. Tritare la cipolla e dividere a metà i pomodorini.

Velare di olio una padella e rosolarci dentro i cubotti di pane in modo che diventino croccanti e leggermente impregnati di olio. Questo farà la differenza. Quando il pane inizia a diventare croccante, unire l'aglio e la cipolla, fare rosolare ancora qualche minuto e aggiungere infine i pomodorini. Insaporire con un po' di peperoncino fresco sminuzzato e le olive.

Scolare le cime di rapa (conservando l'acqua di cottura) e trasferirle in padella con il resto degli ingredienti. Versare anche un po' di acqua di cottura in modo che il pane si inzuppi e si sfaldi, così da amalgamarsi bene alla verdura. Ci vorranno pochi minuti.

Servire in una fondina oppure dare una forma più elegante al pancotto impiattandolo dentro a un coppapasta.

Completare con la burrata e altri pezzi di peperoncino.

PRIMO

VELLUTATA DI ASPARAGI E MIMOSA D'UOVO

Ingredienti

Per la crema

1 mazzo di asparagi

150 ml di latte

1 porro

1 patata

parmigiano (facoltativo)

1 cucchiaio di olio extravergine

sale

pepe (facoltativo)

Per la mimosa

2 uova

30 minuti – 2-3 persone

Tagliare il porro a rondelle. Pulire gli asparagi raschiando la parte finale del gambo dura e legnosa. Tagliarli a tocchetti lasciando integre le punte. Sbucciare e tagliare a pezzi anche la patata. In una casseruola con poco olio rosolare il porro con i gambi di asparagi tagliati a pezzetti per farli insaporire. Aggiungere poi la patata, le punte di asparagi, l'acqua a filo delle verdure e il sale.

A parte, in un'altra pentola, fare rassodare le uova immergendole delicatamente in acqua a bollore per 10 minuti.

Quando le verdure saranno morbide, eliminare qualche punta di asparago per la guarnizione finale, aggiungere il latte e frullare la zuppa trasformandola in una vellutata.

Scolare le uova, sgusciarle e ricavare il tuorlo. Servire la vellutata nelle fondine, aggiungere le punte di asparagi tenute da parte, poi sbriciolare il tuorlo passandolo attraverso le maglie del colino facendolo cadere a pioggia sulla vellutata e ottenendo un delizioso effetto mimosa. A piacere aggiungere pepe e parmigiano.

"SI DICE CHE L'APPETITO
VIEN MANGIANDO...
NON È MICA VERO:
L'APPETITO VIENE
A STAR DIGIUNI!"

– TOTÒ AL GIRO D'ITALIA –

TORTA DI ZUCCHINE

INGREDIENTI
4 PERSONE

1 rotolo di pasta sfoglia rotonda

400 g di zucchine

200 g di crescenza

50 g di parmigiano

2 rametti di timo

olio extravergine

sale e pepe

PREPARAZIONE

Stendere la pasta sfoglia su una tortiera foderata di carta forno. Fare una piccola cornice e bucherellare la base.
In una ciotola, mescolare insieme la crescenza e il parmigiano grattugiato, un po' di pepe e qualche foglia di timo.

Spalmare la crema di formaggio sulla pasta sfoglia, aiutandosi con un cucchiaio.

Tagliare le zucchine a strisce sottili usando il pelapatate e sistemarle sopra la crema di formaggio.

Aggiungere un pizzico di sale e l'olio. Cuocere la torta a 190 °C per circa 20-25 minuti.

Decorare con il timo e servire tiepida.

TEMPO
45'

SECONDO

UOVA
IN COCOTTE
CON ASPARAGI

Ingredienti

Per le cocotte

6 tuorli

1 mazzo di asparagi

2 fette lunghe di pane bianco per tramezzini

1 confezione di besciamella

pecorino

burro

sale

Per l'insalata

100 g di soncino

150 g di pecorino fresco

1 pera

1 limone

50 g di noci

1 cucchiaio di miele

1 pizzico di sale

olio extravergine

30 minuti – per 6 cocotte

Sbollentare le punte di asparagi per 5 minuti in acqua bollente salata.
Stendere le fette di pane bianco con il mattarello in modo da assottigliarle il più possibile e ottenere dei rettangoli sottili. Spennellare entrambi i lati con il burro fuso. Tagliare ciascuna fetta di pane in 3 quadrati uguali. Foderare con questi quadrati le formine da muffin, creando delle ciotoline di pane. All'interno di ogni ciotolina mettere un tuorlo, un pizzico di sale e una punta di asparago. Coprire con una cucchiaiata di besciamella e una grattugiata di pecorino.
Cuocere in forno ventilato a 200 °C per 5 minuti. Bisogna stare attenti che l'uovo non cuocia troppo e non diventi sodo.
Intanto preparare l'insalata. Mettere il soncino in una ciotola con la pera tagliata a pezzetti, le noci tritate con il coltello, il miele, un po' di sale e il pecorino a tocchetti. Terminare con una girata di olio e succo di limone.
Sfornare le cocotte, trasferirle su un piatto e servire con l'insalata.

SECONDO

BURGER VEGETARIANO

Ingredienti

4 panini
per hamburger

200 g di ceci precotti

½ cipollotto rosso

1 patata

6 uova

insalata qb

150 g di pangrattato
(100 g per l'impasto +
50 g per la panatura)

prezzemolo qb

olio extravergine

sale e pepe

30 minuti + il tempo di lessare la patata – per 4 hamburger

Lessare la patata.

Frullare i ceci con il cipollotto e il prezzemolo. Dopo una prima frullata, aggiungere un uovo e, se necessario, un tuorlo, poi riprendere a frullare.

Mettere il composto in una ciotola. Aggiungere la patata lessa sbucciata, schiacciata e intiepidita e 100 g di pangrattato. Salare. Lavorare questo impasto in modo che non risulti né troppo duro né troppo appiccicoso e molle. In caso aggiungere altro pangrattato.

Con l'aiuto di un coppapasta, formare 4 burger vegetariani. Ungerli leggermente di olio e impanarli solo un po' con il pangrattato rimasto. Non deve essere una panatura coprente.

Cuocerli in padella con poco olio in modo che rosolino bene da entrambi i lati. Nella stessa padella unta di olio preparare l'uovo al tegamino. Per ottenere la forma perfettamente tonda potete romperlo e cuocerlo dentro il coppapasta dell'hamburger appoggiato direttamente sulla padella.

Servire il pane con il burger, qualche foglia di insalata e l'uovo e condire con sale e pepe a piacere.

QUINOA: È UN CEREALE RICCO DI FIBRA E PROTEINE VEGETALI E POVERO DI GRASSI, CONTIENE NOTEVOLI QUANTITÀ DI MAGNESIO, FERRO E ZINCO. PERFETTO PER UNA DIETA SENZA GLUTINE.

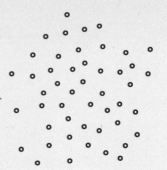

I SUPER FOOD

IPPOCRATE DICEVA: "FA CHE IL CIBO SIA LA TUA MEDICINA E CHE LA MEDICINA SIA IL TUO CIBO". NIENTE DI PIÙ VERO QUANDO PARLIAMO DI SUPER FOOD, OVVERO GLI ALIMENTI RICCHI DI PROPRIETÀ BENEFICHE CHE RENDONO SALUTARI I NOSTRI PIATTI. ECCONE SOLO ALCUNI.

YOGURT BIANCO: È FACILMENTE DIGERIBILE ANCHE PER CHI È INTOLLERANTE AL LATTOSIO, OTTIMO IN ABBINAMENTO AI CEREALI PER UNA COLAZIONE COMPLETA.

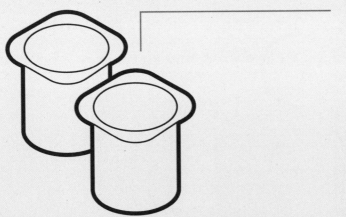

PATATE DOLCI: UNA SOLA PATATA SUPPLISCE
ALLA QUANTITÀ GIORNALIERA DI VITAMINA A!

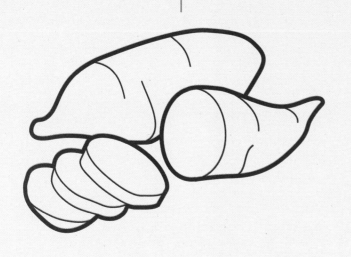

MIRTILLI: SONO RICCHI DI FLAVONOIDI, CHE
AIUTANO E RALLENTANO L'INVECCHIAMENTO.

CACAO: RICCO DI ANTIOSSIDANTI, CALCIO,
FERRO MA SOPRATTUTTO DI MAGNESIO:
È ENERGIZZANTE E AIUTA A MIGLIORARE L'UMORE.

BROCCOLI: RICCHI DI ANTIOSSIDANTI, FERRO,
VITAMINA C E VITAMINA K.

267

ANTIPASTO

POLPETTE ALLE LENTICCHIE

Ingredienti

Per le polpette

250 g di lenticchie precotte

150 g di patate

60 g di parmigiano

2 uova

250 g di pangrattato

1 spicchio di aglio

olio extravergine

sale e pepe

Per l'insalata

rucola qb

foglie di basilico qb

pomodorini qb

40-60 minuti – 4 persone

Lessare le patate in acqua bollente oppure avvolgerle nella pellicola per alimenti adatta al microonde con la buccia e farle cuocere in microonde per 5-7 minuti o finché non sono tenere, dipenderà dalla dimensione, alla massima potenza.

Scolare le lenticchie dalla loro acqua e insaporirle in padella con un po' di olio e aglio, un pizzico di sale e pepe.

Eliminare l'aglio, sbucciare le patate e frullarle nel mixer con le lenticchie, il parmigiano grattugiato e 30 g di pangrattato. Si otterrà un composto colloso.

Modellare le polpette facendo le palline con l'impasto, quindi passarle prima nelle uova e poi nel pangrattato rimasto.

Scaldare poco olio in una padella e rosolare le polpette.

Servire su un letto di rucola, con basilico spezzettato e qualche pomodorino.

PRIMO

CREMA DI FAVE CON BIGNÈ DI PARMIGIANO

Ingredienti

Per la crema

400 g di fave sgranate

150 g di panna fresca

1 porro

olio extravergine

sale e pepe

Per i bignè

20 g di parmigiano

50 g di burro

50 g di farina

1 uovo

noce moscata qb

sale

45 minuti – 4 persone

Per la crema, affettare il porro e rosolarlo in una casseruola con un filo di olio. Aggiungere le fave, tenendone alcune da parte per la guarnizione finale, coprire con acqua a filo e salare. Far cuocere con il coperchio per 10 minuti.

Nel frattempo preparare i bignè al parmigiano: in un'altra casseruola portare a bollore 250 ml di acqua con il burro. Aggiungere la farina, tutta in una volta sola, e mescolare il composto tenendolo sul fuoco finché non si stacca dalle pareti.

Trasferire in una ciotola, lasciarlo intiepidire leggermente e unire l'uovo, mescolando con la frusta a mano fino a che non si è incorporato per bene. Aggiungere anche il parmigiano grattugiato, una grattugiata di noce moscata e il sale.

Prendere una cucchiaiata di impasto e con le mani inumidite formare delle palline. Disporle ben distanziate su una teglia rivestita di carta forno e far cuocere a 180 °C per 10-15 minuti circa.

A questo punto le fave si saranno ammorbidite per bene: spegnere il fuoco e aggiungere la panna. Poi frullare fino a ottenere una vellutata e regolare di sale e di pepe.

In ogni fondina versare un po' di vellutata e servire con una guarnizione di bignè al formaggio, le fave fresche tenute da parte e una spolverizzata di pepe.

PIATTO
UNICO

KHACHAPURI

Ingredienti

Per l'impasto

460 g di farina

110 ml di latte

15 g di lievito di birra fresco

2 cucchiai di olio di semi di girasole

1 cucchiaio di zucchero

sale

Per la farcitura

300 g di stracchino

3 uova

2 ore – per 3 khachapuri

Mescolare il lievito di birra con il latte tiepido. Aggiungere 120 ml di acqua, l'olio di semi, un cucchiaio di sale, lo zucchero e in ultimo la farina, poco per volta. Mescolare bene e impastare per 10 minuti a mano o con la planetaria fino ad avere un bel panetto plastico e non appiccicoso.
Lasciar riposare per un'ora coperto in modo che lieviti.
Nel frattempo, tagliare lo stracchino a pezzetti.
Quando l'impasto è ben lievitato, dividerlo in 3, formare con ogni pezzo un disco del diametro di circa 20 cm e allargarlo con le mani o con il mattarello dandogli la forma di una pizzetta ovale. Ripiegare i bordi su se stessi creando una cornice tutta intorno e fissare bene le estremità premendo con le dita. Il khachapuri deve avere una forma allungata simile a quella di un occhio.
Mettere all'interno di ogni disco lo stracchino e infornare a 200 °C per 10-15 minuti.
Togliere i khachapuri dal forno, creare al centro un piccolo avvallamento e sgusciarvi dentro un uovo. Infornare nuovamente per circa 7 minuti, fino a che l'albume non è cotto.

CONTORNO

TORTILLA DI PATATE

INGREDIENTI
4 PERSONE

• • • • • • • • • • • • • • • • • • • •

800 g di patate

2 cipolle

8 uova

150 ml di olio extravergine

sale

PREPARAZIONE

• •

Pelare le patate e tagliarle a cubetti piccoli come dei dadi.

Affettare le cipolle ad anelli sottili.

Rosolare patate e cipolle in una padella ampia antiaderente con olio e sale per 30 minuti, mescolando ogni tanto. Una volta che le patate sono ben cotte e rosolate, scolare l'olio in eccesso. Sbattere le uova e mescolarle con le patate e le cipolle all'interno di una grande ciotola.

Nella stessa padella, aggiungere poco olio, versare il composto e lasciarlo cuocere dolcemente con il coperchio fino a che non si è dorata la base. Ci vorranno almeno 10 minuti. Aiutandosi con il coperchio, girare la tortilla e cuocerla anche sull'altro lato, sempre a fuoco molto dolce.

TEMPO
1h

ANTIPASTO ∘ SECONDO

TUORLO FRITTO CON CIME DI RAPA

Ingredienti

4 tuorli

300 g di cime di rapa

4 fette di pane al sesamo

pangrattato qb

parmigiano qb

burro qb

olio di semi per friggere

sale

30 minuti + 5 ore di riposo dei tuorli nel pangrattato – 4 persone

Riempire per metà una ciotolina di pangrattato. Metterci al centro un tuorlo e poi ricoprire completamente con altro pangrattato. Preparare nella stessa maniera altre 3 ciotoline e lasciarle riposare in frigo per 4-5 ore o anche per tutta la notte.

Trascorso il tempo di riposo, rosolare in padella le cime di rapa con un po' di burro, fino a che non sono appassite. Salare.

Tostare le fette di pane. Mettere su ogni fetta un nido di cime di rapa e all'ultimo momento preparare il tuorlo: fare scaldare un pentolino con almeno mezzo litro di olio di semi. Quando è a temperatura, prelevare, facendo molta attenzione a non romperlo, il tuorlo d'uovo a cui si sarà attaccata la panatura di pangrattato, rendendolo duro e facile da maneggiare. Appoggiarlo sulla schiumarola e immergerlo nell'olio per 40 secondi, lasciandolo sempre appoggiato sulla schiumarola. Toglierlo dall'olio e posizionarlo sulle cime di rapa. Procedere anche con gli altri tuorli nella stessa maniera e servire subito con un po' di sale e parmigiano.

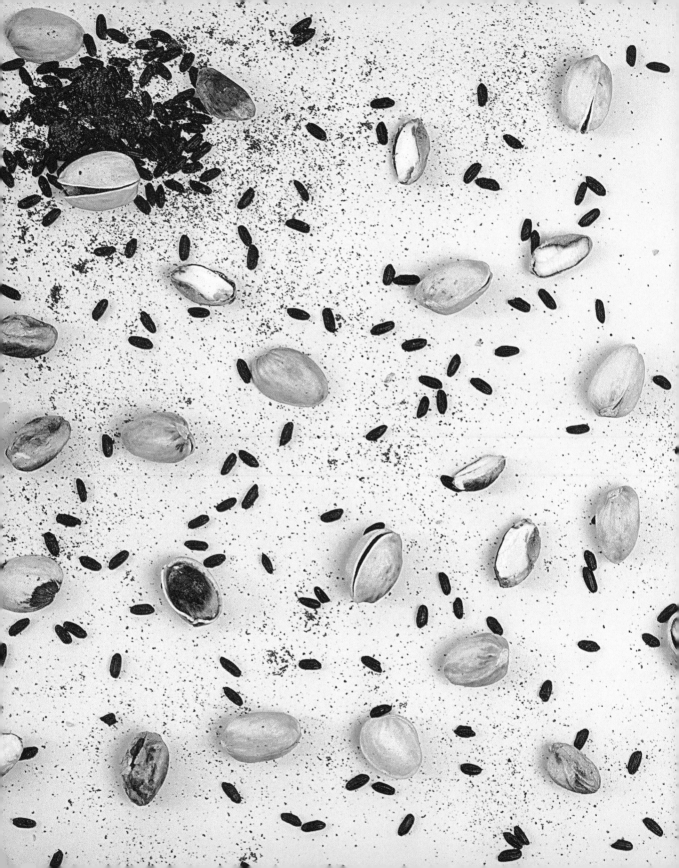

TRE CONSIGLI DI BENEDETTA

QUANDO PREPARIAMO UN PRANZO VEGETARIANO, MEGLIO NON PUNTARE SU UN UNICO PIATTO FORTE MA PRESENTARNE TANTI PICCOLI CUCINATI CON CURA, USANDO SPEZIE E AROMI CHE RENDANO LE VERDURE SAPORITE E IRRESISTIBILI E OPTANDO SEMPRE PER COTTURE VELOCI CHE LASCINO I CIBI CROCCANTI E INVITANTI. LA TAVOLA SARÀ PIÙ VARIA E ALLEGRA!

SE VOGLIAMO SEGUIRE UN "REGIME VEGETARIANO PART-TIME" POSSIAMO SCE-GLIERE ALCUNI GIORNI DELLA SETTIMANA CHE DEDICHIAMO AL MENU VEG E ALTRI IN CUI INTRODUCIAMO LA CARNE, COSÌ L'ORGANIZZAZIONE DELLA SPESA SARÀ PIÙ SEMPLICE PER CHI CUCINA E SENZA SORPRESE PER I COMMENSALI. QUANDO MANGIAMO LA CARNE, FACCIAMO IN MODO CHE TRE QUARTI DEL PIATTO SIANO RIEMPITI DA VERDURA: È IL TRUCCO PER UNA CUCINA SANA E FELICE.

LA MIA NONNA DICEVA: "O MANGI LA MINESTRA, O SALTI LA FINESTRA". MAI PREPARARE MENU PERSONALIZZATI PER OGNI MEMBRO DELLA FAMIGLIA (A MENO CHE NON CI SIANO ALLERGIE O INTOLLERANZE). SE NON HANNO ALTERNATIVE, VEDRETE CHE ANCHE I PIÙ RETICENTI FINIRANNO PER APPREZZARE IL CIBO IN TAVOLA E LA VITA DI CHI STA AI FORNELLI SARÀ MOLTO PIÙ SEMPLICE.

RIBOLLITA

PRIMO

INGREDIENTI
4 PERSONE

2 lattine di fagioli cannellini precotti

250 g di verza

300 g di cavolo nero

300 g di biete

150 g di pomodori o pelati

2 carote

1 cipolla

1 costa di sedano

1 patata

fette di pane tostato qb

parmigiano qb

olio extravergine

sale

PREPARAZIONE

Tritare le carote, la cipolla e il sedano e fare un soffritto con un po' di olio in una pentola capiente. Mentre questi stufano dolcemente, pulire e affettare le altre verdure: sbucciare la patata e tagliarla a tocchetti, affettare la bieta togliendo la costa bianca centrale che è dura, tritare grossolanamente la verza e il cavolo nero dopo aver tolto il gambo legnoso.

Unire tutto nella pentola del soffritto e fare insaporire per pochi minuti, poi aggiungere l'acqua fino a 2 dita sopra il livello delle verdure.

Unire i fagioli sgocciolati e i pomodori o i pelati tritati grossolanamente, salare e fare cuocere per 2 ore circa mescolando ogni tanto. Servire con fette di pane tostato e una spolverizzata di parmigiano grattugiato.

TEMPO
2h
e 30min

CONTORNO

PURÈ DI TOPINAMBUR

INGREDIENTI
2 PERSONE

500 g di topinambur
1 patata piccola
1 scalogno
latte qb
timo qb
sale e pepe

PREPARAZIONE

Sbucciare i topinambur, la patata e lo scalogno e tagliare tutto a tocchetti.

Mettere a cuocere a fuoco dolce in una piccola casseruola con un dito di latte e insaporire con sale, pepe e timo. Se il latte asciuga troppo aggiungerne ancora un po', ma non esagerare altrimenti al posto di un purè si otterrà una vellutata. Una volta che le verdure sono morbide, eliminare il timo e frullare il tutto con il frullatore a immersione.

TEMPO
30'

DOLCISSIMI VIZI

LE RICETTE DOLCI

CAPITOLO 5

Se si rinuncia a un dolce poi si resta con la bocca amara tutto il giorno e spesso si finisce per consolarsi con qualcosa di salato ma altrettanto calorico. Quindi il mio consiglio è concedersi sempre un assaggio di tutto! La mia carissima amica Giusi usa sempre questo adorabile modo di dire: "Ne mangerò solo un pezzettino, giusto per saperne parlare!" e questa è la filosofia che ho adottato anch'io.

DORAYAKI ALLA NUTELLA

DOLCE

INGREDIENTI
PER 2 DORAYAKI

100 g di farina
1 uovo
3 cucchiai di zucchero
1 cucchiaino di miele
1 cucchiaino di lievito per dolci
burro qb
nutella o marmellata qb

PREPARAZIONE

Sbattere l'uovo, il miele e lo zucchero in una ciotola.
In un altro recipiente piccolo sciogliere il lievito in circa
20 ml di acqua e poi aggiungerlo al composto di uova.
Unire la farina e mescolare ancora fino a ottenere una
crema dalla consistenza simile a una pastella, ma un po'
più densa. Ungere una padella con poco burro. Quando
è ben calda, versare una cucchiaiata di impasto per ogni
dorayaki. Non appena sulla superficie si saranno forma-
te delle bollicine, è il momento di girarli delicatamente.
Cuocerli anche sull'altro lato e trasferirli su un piatto.
Farcire i dorayaki con nutella o marmellata e chiuderli
come un sandwich.

TEMPO
15'

287

DOLCE

TORTA DEL NONNO

Ingredienti

Per la frolla

300 g di farina 00

150 g di burro

150 g di zucchero

4 tuorli + 1 albume

30 g di cacao amaro

1 bacca di vaniglia

5 g di lievito per dolci

½ cucchiaino di sale

Per la crema al cioccolato

500 ml di latte intero

200 g di cioccolato fondente

170 g di zucchero

6 tuorli

40 g di farina di riso

5 g di cannella

Per spennellare e decorare

albume qb

mandorle a lamelle qb

zucchero a velo qb

1 ora e 20 minuti – 4 persone

Per la frolla, in una ciotola capiente lavorare la farina, il burro a dadini, lo zucchero, il cacao, il sale, un pizzico di lievito e i semi della bacca di vaniglia che si ottengono incidendo la bacca per il lungo e raschiando i semi all'interno con un coltellino appuntito. Bisogna ottenere un composto sbricioloso.

Unire al composto tutti i tuorli e l'albume. Lavorare velocemente fino a che non diventa un panetto liscio e omogeneo. Farlo riposare per mezz'ora avvolto nella pellicola per alimenti in frigo.

Intanto preparare la crema al cioccolato: direttamente nel pentolino, sbattere energicamente con la frusta i tuorli, la farina di riso e lo zucchero. Unire il latte ben caldo e la cannella. Far cuocere a fuoco lento continuando a mescolare con la frusta. Quando la crema è addensata, spegnere il fuoco, aggiungere il cioccolato tritato e mescolare energicamente fino a quando il cioccolato si sarà sciolto. Trasferire la crema in una ciotola e lasciarla raffreddare.

Prendere la frolla al cacao dal frigo. Dividerla in 2 parti. Stenderla tra 2 fogli di carta forno fino a ottenere 2 dischi di frolla. Rivestire una tortiera di 24 cm imburrata e infarinata con il primo disco di frolla. Bucherellare. Riempire con la crema al cioccolato raffreddata, coprire con l'altro disco di frolla, spennellare la superficie con l'albume e guarnire con le mandorle. Infornare a 180 °C per 40-45 minuti circa. Una volta fredda spolverizzare con zucchero a velo.

DOLCE

BAVARESE AL MANGO

Ingredienti

Per la bavarese

250 g di yogurt bianco

250 ml di panna fresca

2 fogli di colla di pesce

3 cucchiai di zucchero

1 tazzina di latte

Per la salsa

1 mango

1 cucchiaio raso di zucchero a velo

limone qb

30 minuti + 3-4 ore di raffreddamento – per 4 coppette

Ammollare in acqua fredda la colla di pesce. Montare la panna.
Scaldare il latte e scioglierci dentro la colla di pesce, ben strizzata. Unire il latte allo yogurt. Aggiungere lo zucchero, unire la panna montata e mescolare delicatamente dal basso verso l'alto.
Versare il composto in coppette di vetro e mettere la bavarese in frigo a rassodare per 3-4 ore.
Preparare intanto la salsa: pelare il mango e tagliarlo a pezzi. Frullarlo con un goccio di limone e lo zucchero a velo.
Se si desidera una consistenza meno densa, si può aggiungere acqua a piacere.
Quando la bavarese si è solidificata versare in ogni coppetta un cucchiaio di salsa al mango e servire.

DOLCE

RED VELVET CUPCAKE

Ingredienti

Per il pan di Spagna

375 g di farina 00

375 g di zucchero

300 g di yogurt bianco

150 g di burro

3 uova

1 bacca di vaniglia

1 cucchiaino di colorante alimentare rosso

50 g di cacao amaro

10 g di lievito per dolci

30 ml di aceto di mele

sale

Per il frosting

300 ml di panna vegetale

250 g di mascarpone

100 g di zucchero a velo

2 lime non trattati

Per decorare

lamponi freschi qb

1 ora – per 20-24 cupcake

In una ciotola, montare con le fruste elettriche lo zucchero e il burro morbido, unire le uova e lo yogurt e continuare a sbattere per ottenere un impasto ben montato. Aprire la bacca di vaniglia nel senso della lunghezza, ricavarne i semi con l'aiuto di un coltellino e aggiungerli all'impasto. Unire un cucchiaino non troppo colmo di colorante alimentare rosso, il cacao e infine aggiungere anche la farina e un pizzico di sale. Per completare sciogliere un cucchiaio di lievito in un bicchierino di aceto di mele, aggiungere anche questo composto e continuare a sbattere con le fruste.

Versare il composto nei pirottini di cartone, sistemarli nelle forme da muffin e cuocere in forno a 180 °C per circa 25-30 minuti.

Intanto preparare il frosting: montare la panna con il mascarpone. Aggiungere lo zucchero a velo e la scorza grattugiata dei lime. Sbattere ancora fino a ottenere una bella crema liscia e soda.

Una volta che i muffin sono raffreddati, decorarli con il frosting aiutandosi con la sacca da pasticciere, con una siringa oppure usando semplicemente il cucchiaio e decorare con lamponi freschi.

TRE CONSIGLI DI BENEDETTA

SE VOLETE DOLCI PIÙ LEGGERI, LO YOGURT SARÀ IL VOSTRO MIGLIORE ALLEATO. PER ESEMPIO SE IN UNA RICETTA È PREVISTA LA PANNA, PROVATE A SOSTITUIRNE METÀ CON YOGURT BIANCO MAGRO OPPURE SE VA USATA LA CREMA PASTICCERA AL SUO POSTO USATE YOGURT GRECO MESCOLATO AL MIELE: OTTERRETE LA STESSA CONSISTENZA MA UN GUSTO PIÙ FRESCO E ACIDULO, SNELLIRETE I PASSAGGI DELLA RICETTA E PROBABILMENTE... ANCHE IL GIRO VITA!

SE VOGLIAMO PECCARE, MEGLIO FARLO A COLAZIONE! DURANTE IL GIORNO, SI SA, IL CORPO HA IL TEMPO DI SMALTIRE PARTE DELLE CALORIE CHE ABBIAMO ASSIMILATO. DUNQUE, QUANDO MI VOGLIO STRAFOGARE DI DOLCE, LO FACCIO DI MATTINA, DURANTE IL WEEKEND, INSIEME ALLA MIA FAMIGLIA. QUESTO È UN TRUCCO MOLTO ASTUTO PERCHÉ CON UNA COLAZIONE ABBONDANTE A TARDA ORA RIESCO POI SALTARE IL PRANZO E DUNQUE RIENTRO IN PIENO NEL PIANO CALORICO DELLA GIORNATA.

SE SAPPIAMO DI DOVER AFFRONTARE UN BUFFET DI DOLCI PARTICOLARMENTE RICCO E TEMIAMO DI CEDERE A TUTTE LE TENTAZIONI, INDOSSIAMO UN ABITO ATTILLATO O PANTALONI STRETTI IN VITA... È UN PO' CRUDELE MA EFFICACE: NON CI SCORDEREMO MAI CHE C'È UN LIMITE DA NON OLTREPASSARE!

DOLCE

BANANA BREAD DI GRANO SARACENO AL CIOCCOLATO

Ingredienti

2 banane

100 g di cioccolato a scaglie

165 g di farina 00

50 g di farina di grano saraceno

175 g di panna acida (oppure di yogurt greco)

65 g di zucchero di canna grezzo

2 uova

5 cucchiai di olio di semi di girasole

½ bustina di lievito per dolci

1 cucchiaino di cannella

1 cucchiaino di vanillina

1 ora – 6 persone

Imburrare e infarinare uno stampo da plumcake. In una ciotola sbattere le uova con lo zucchero di canna. Unire l'olio di semi e la panna acida (o lo yogurt) e mescolare ancora.

Schiacciare le banane con la forchetta fino a renderle una crema e incorporarle al resto dell'impasto.

In una ciotolina a parte, mescolare le due farine, il lievito, la cannella e la vanillina.

Aggiungere le farine al composto di uova senza lavorare troppo l'impasto e unire anche il cioccolato.

Riempire lo stampo e infornare per 30 minuti a 180 °C.

Il banana bread si può servire caldo o freddo tagliato a fette. Oppure, alla maniera inglese, si possono tostare le fette come fossero un pane in cassetta e poi spalmarle di burro, marmellata o miele.

DOLCE

DONUTS

Ingredienti

450 g di farina

240 ml di latte

60 g di burro

3 tuorli

25 g di zucchero

1 bustina di lievito
di birra disidratato

olio di semi di girasole

Per la glassatura

200 g di cioccolato
bianco

codette di zucchero
colorato qb

30 minuti + 2 ore di lievitazione - 8 persone

In una ciotola mescolare il latte tiepido con il lievito, lo zucchero e i tuorli. Aggiungere il burro sciolto e la farina poco per volta mescolando prima con il cucchiaio e poi impastando con le mani o con la planetaria. Lavorare per almeno 10 minuti, poi coprire l'impasto all'interno della ciotola e lasciarlo lievitare per almeno un'ora. Una volta lievitato, stendere l'impasto con il mattarello, aiutandosi con un po' di farina in modo che non appiccichi. Dovrà essere alto un paio di centimetri. Con 2 coppapasta circolari, uno grande e uno piccolo, o con un bicchiere e un tappo, ricavare le ciambelle, ritagliando prima un disco di circa 8-10 cm e poi un buco più piccolo al centro.
Ritagliare dei quadrati di carta forno per ogni ciambella: si potranno spostare più facilmente per friggere. Disporre le ciambelle sui quadrati di carta e farle lievitare ancora per mezz'ora.
Scaldare abbondante olio di semi, evitando che raggiunga temperature troppo elevate altrimenti le ciambelle si bruceranno molto in fretta, restando crude all'interno. Aggiungere olio di semi freddo se necessario per abbassare la temperatura. Friggere le ciambelle girandole a metà cottura e prelevandole con la schiumarola. Scolarle su carta da cucina.
Sciogliere a bagnomaria o nel microonde il cioccolato bianco. Mettere in un piattino le codette di zucchero colorate. Quando i donuts sono freddi intingere il lato superiore nella ciotola del cioccolato e poi nelle codette. Lasciare indurire la glassa prima di servire.

BROWNIES

DOLCE

INGREDIENTI
4 PERSONE

425 g di cioccolato fondente

265 g di zucchero di canna

150 g di farina 0

125 g di burro

25 g di cacao amaro

3 uova + 3 tuorli

1 bustina di vanillina

lamponi qb

60 ml di olio di semi

sale

PREPARAZIONE

Fare sciogliere in un pentolino 325 g di cioccolato fondente spezzettato con il burro e un goccio di acqua, così che non bruci. Tenere il fuoco basso.

In una ciotola, sbattere le uova e i tuorli con lo zucchero di canna. Aggiungere l'olio di semi e continuare a mescolare. Unire il cacao.

Unire anche il composto di cioccolato e burro intiepidito. Mescolare bene.

Aggiungere la farina, un pizzico di sale e la vanillina. Ridurre in scaglie il cioccolato rimasto e unire anch'esso al composto.

Versare il composto in una teglia quadrata o rettangolare foderata di carta forno e cuocere a 180 °C per 35 minuti.

Una volta freddo, tagliare a cubotti e decorare con qualche lampone.

TEMPO
1h

DOLCE

PUDDING DI COLOMBA PASQUALE

Ingredienti

colomba avanzata
(circa mezza)

500 ml di latte

120 ml di panna fresca

6 uova

burro qb

35 g di uvetta

2-3 cucchiai
di marmellata
di albicocche

cannella qb

zucchero di canna qb

1 bustina di vanilina

1 ora + il tempo di raffreddamento – 6-8 persone

Imburrare una teglia da plumcake e cospargerne la base con la cannella, lo zucchero di canna, l'uvetta e qualche cucchiaiata di marmellata di albicocche. In una ciotola, sbattere latte, panna e uova. Aggiungere altra cannella e la vanillina.

Tagliare la colomba per il verso lungo a fette di pochi centimetri di spessore. In alternativa alla colomba si può usare un altro dolce o un pan brioche. Inzuppare le fette di colomba nel composto di uovo e sistemarle nello stampo, creando un primo strato. Se si usa il pan brioche, tra uno strato e l'altro di fette si può arricchire il dolce con uvette e cannella o pezzetti di cioccolato (io ho usato una colomba già ricca di canditi e aromi, quindi non aggiungerò nulla). Continuare a inzuppare le fette di colomba e stratificare il dolce fino ad arrivare a riempire lo stampo.

Una volta terminato, versare il liquido di uovo rimasto fino ad affogare le fette di colomba.

Ultimare con un pizzico di cannella e zucchero di canna, per caramellare.

Mettere il pudding nel forno preriscaldato a 180 °C per 35-40 minuti e continuare la cottura alzando se necessario la temperatura fino a che il dolce non diventa dorato in superficie.

Fare raffreddare, sformare dallo stampo e servire a fette.

DOLCE

SABLÉ DI FRAGOLE

Ingredienti

Per la frolla

225 g di farina 00

160 g di burro

160 g di zucchero

5 tuorli

1 arancia non trattata

farina qb

sale

Per la crema

300 ml di panna fresca

300 g di yogurt greco

fragole qb

menta qb

zucchero a velo qb

1 ora e 30 minuti – 6-8 persone

Per la frolla: mettere in una ciotola la farina, una presa di sale, lo zucchero e il burro freddo tagliato a pezzetti, poi impastare fino a raggiungere una consistenza sabbiosa.

Incorporare i tuorli all'impasto. Aromatizzare con della scorza d'arancia grattugiata e impastare velocemente fino a formare un panetto. Se c'è tempo, lasciarlo riposare per 30 minuti in frigo avvolto nella pellicola per alimenti, altrimenti usarlo subito e stenderlo con il mattarello, tra 2 fogli di carta forno leggermente infarinati, fino a uno spessore di 1 cm circa.

Con questa sfoglia rivestire una tortiera ben imburrata, ritagliando il bordo in eccesso.

Coprire l'impasto con un peso o con un'altra tortiera, così che non cresca troppo, e infornare per 20 minuti a 180 °C.

Per la crema: montare la panna con le fruste elettriche. Unire lo yogurt e a piacere, per un gusto più dolce, un cucchiaio di zucchero a velo. Se si vuole invece che prevalga il gusto leggermente acido dello yogurt va evitato lo zucchero o ne va messo poco.

Farcire il guscio di frolla, ben raffreddato, con la crema e completare con le fragole intere e qualche fogliolina di menta.

LIME MERINGUE PIE

Ingredienti

Per la frolla

100 g di zucchero

250 g di farina

125 g di burro

1 uovo

1 bustina di vanillina

sale

Per la crema

450 g di latte condensato

4 tuorli

2 lime

Per la meringa

4 albumi

8 cucchiai di zucchero

sale

1 ora – 8 persone

Per la frolla: mescolare la farina, la vanillina, lo zucchero, un pizzico di sale e il burro freddo tagliato a pezzettini. Impastare a mano o nel mixer fino a ottenere un composto sabbioso, poi aggiungere anche l'uovo e continuare a impastare: bisogna ottenere un panetto plastico e liscio. Stenderlo con il mattarello su un foglio di carta forno e trasferire tutto in una tortiera ben imburrata, in modo da rivestire bene anche il bordo. Tagliare con un coltello la frolla in eccesso. Cuocerla con un'altra tortiera sopra, in modo che non cresca, per 15 minuti a 180 °C.

Passare ora alla preparazione della crema: mescolare i tuorli con il latte condensato e il succo dei lime.

Per la meringa, infine, montare i bianchi a neve con lo zucchero e un pizzico di sale per almeno 10 minuti, in modo che diventino belli lucidi.

Sfornare la frolla, riempirla di crema al lime, coprirla con la meringa messa sulla torta a cucchiaiate e cuocere ancora per 10-15 minuti, finché la meringa e la crema non si rassodano. Per colorare bene la meringa nell'ultimo minuto si può mettere la funzione grill e alzare il calore.

TORTA NUVOLA

DOLCE

INGREDIENTI
8-10 PERSONE

- 340 g di farina 00
- 250 g di yogurt greco
- 180 g di zucchero
- 100 g di gocce di cioccolato
- 5 albumi
- 100 ml di olio di semi
- 1 bustina di lievito per dolci
- zucchero a velo qb

TEMPO
1h

PREPARAZIONE

Montare gli albumi a neve con le fruste elettriche.
In una ciotola, mescolare l'olio, lo zucchero e lo yogurt, poi unire anche la farina e il lievito.
Incorporare gli albumi montati e mescolare delicatamente dal basso verso l'alto. Aggiungere le gocce di cioccolato e mescolare ancora delicatamente.
In una teglia imburrata, infarinata e con la base foderata di carta forno, versare l'impasto e cuocere a 180 °C per 40 minuti circa. Verso metà cottura, se inizia a diventare troppo scura, coprire con un foglio di carta stagnola.
Una volta pronta, servire la torta con una spolverizzata di zucchero a velo.

PIATTO UNICO

HAPPY BREAKFAST

Ingredienti

Per 4 waffle

175 g di farina

100 g di burro + qb per ungere la macchinetta

70 g di zucchero

3 uova

2 cucchiai abbondanti di sciroppo d'acero

1 bustina di vanillina

Per lo smoothie

240 g di yogurt greco

20 fragole

6 cubetti di ghiaccio

Per la guarnizione

120 g di yogurt greco

4 cucchiai di sciroppo d'acero

40 minuti – 4 persone

Per i waffle, sbattere le uova in una ciotola, unire lo sciroppo d'acero, lo zucchero, il burro sciolto e la vanillina. In ultimo aggiungere la farina e mescolare fino ad avere una pastella liscia e densa.

Riscaldare la macchina per i waffle (se non l'avete, con lo stesso impasto si possono realizzare dei pancake, cuocendolo a cucchiaiate direttamente in una padella unta di burro). Quando la piastra è calda, spennellarla con del burro fuso e versare al centro un mestolo abbondante di composto. Chiudere la macchina e lasciare cuocere per circa 5 minuti, fino a quando il waffle non risulta ben dorato. Procedere così fino a esaurimento dell'impasto.

Per lo smoothie frullare le fragole, il ghiaccio e lo yogurt.

Preparare la guarnizione aromatizzando lo yogurt con altro sciroppo d'acero e versare sui waffle ben caldi.

DOLCE

TORTA DI ROSE ALLA CANNELLA

Ingredienti

Per l'impasto

500 g di farina 00

225 ml di latte

35 g di zucchero

30 g di burro

1 uovo

20 g di lievito di birra fresco

15 g di sale

Per la farcitura

125 g di burro

75 g di zucchero di canna grezzo

2 cucchiaini di cannella

zucchero a velo qb

50 minuti + il tempo di lievitazione – 8 persone

Sciogliere il lievito nel latte tiepido, unire l'uovo, il burro e lo zucchero. Aggiungere la farina e il sale e impastare per una decina di minuti a mano o con la planetaria in modo da ottenere un panetto plastico e liscio. Farlo riposare per un'ora coperto in modo che lieviti.

Trascorso questo tempo, stendere l'impasto con il mattarello a un paio di centimetri di altezza, dando una forma quadrata.

Ammorbidire il burro e spalmarlo su tutta la superficie. Per fare prima, si possono usare le mani! Distribuire sopra anche lo zucchero di canna, infine spolverizzare la cannella, in abbondanza.

Avvolgere l'impasto su se stesso formando un rotolone e tagliarlo in 10-12 pezzi di circa 2 dita di spessore.

Riempire una tortiera classica, con la base foderata di carta forno, con le rose alla cannella appoggiate una accanto all'altra, con il lato tagliato in alto. All'inizio staranno un po' larghe, ma dopo aver lasciato la torta coperta per altri 45 minuti o un'ora le rose risulteranno ben gonfie. Trascorso questo tempo infornare a 180 °C per 25 minuti. Una volta cotta e raffreddata si può glassare o servire con una spolverizzata di zucchero a velo. Questa torta non si mangia tagliandola a fette, ma staccando le rose.

A COLAZIONE: TÈ VERDE, YOGURT MAGRO
E DUE O TRE BISCOTTI INTEGRALI

PER RIMEDIARE AI PECCATI DI GOLA

SE ABBIAMO IN PROGRAMMA UNA GIORNATA PARTICOLARMENTE "DOLCE"
ECCO COME ORGANIZZARE I PASTI PER POTERCELA GODERE SENZA SENSI DI COLPA!

A PRANZO: INSALATA DI FINOCCHI E RUCOLA,
CRACKER INTEGRALI E FRUTTA FRESCA

PER UNO SPUNTINO DETOX:
TISANA DIURETICA DI BETULLA
E TARASSACO

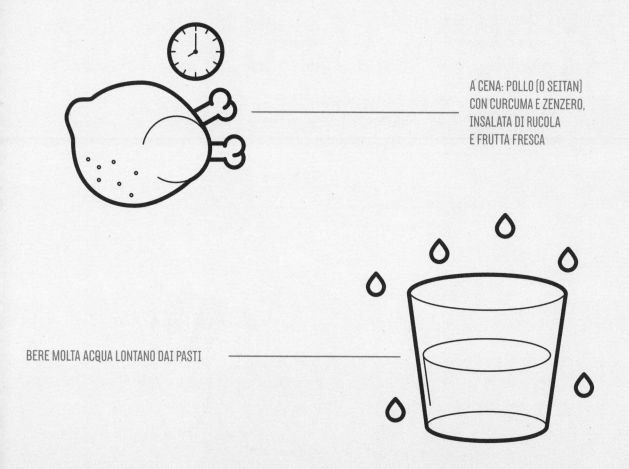

A CENA: POLLO (O SEITAN)
CON CURCUMA E ZENZERO,
INSALATA DI RUCOLA
E FRUTTA FRESCA

BERE MOLTA ACQUA LONTANO DAI PASTI

PLUMCAKE ALL'ARANCIA

DOLCE

INGREDIENTI
6-8 PERSONE

• •

250 g di farina integrale
200 g di zucchero semolato
150 g di burro
4 uova
50 ml di latte
1 bustina di lievito
1 arancia non trattata
60 g di zucchero a velo

PREPARAZIONE

• •

In una ciotola mescolare il burro sciolto con lo zucchero, unire la scorza di tutta l'arancia ma solo metà del succo. Incorporare le uova, infine aggiungere la farina e il lievito. Versare anche il latte e mescolare bene il composto.

Imburrare e infarinare uno stampo da plumcake, poi versarci l'impasto e infornare a 180 °C per circa 30-40 minuti.

Nel frattempo preparare la glassa: filtrare attraverso un colino l'altra metà del succo dell'arancia. Mettere lo zucchero a velo in una ciotola e unire poco per volta il succo di arancia mescolando con una forchetta o una frusta a mano fino a ottenere la giusta consistenza della glassa (ovvero colante ma non troppo liquida).

Sfornare il plumcake e lasciarlo raffreddare prima di glassarlo e servirlo.

TEMPO
1h

317

DOLCE

BLINTZ

Ingredienti

Per la pastella

250 g di farina 0

2 cucchiaini
di zucchero

300 ml di latte

50 g di burro

4 uova

sale

Per la farcitura

100 g di zucchero

450 g di ricotta

cannella qb

Per la salsa

500 g di frutti di bosco

zucchero qb

liquore a piacere qb

40 minuti – per 6 blintz

Preparare la pastella mescolando la farina, lo zucchero e un pizzico di sale.
Stemperare con il latte, mescolando con una frusta a mano fino a ottenere
una crema, poi unire anche 200 ml di acqua, continuando a mescolare. Sbattere le uova nel composto e infine unire il burro fuso. Se c'è tempo, sarebbe
meglio far riposare la pastella per una mezz'ora, altrimenti procedere subito
con la cottura.

Far scaldare una padella e scioglierci una noce di burro. Versare un mestolo
di impasto in modo che si allarghi in maniera circolare. Attendere che si ras-
sodi, quindi girarlo delicatamente e una volta cotto e dorato toglierlo dalla
pentola. Procedere così fino a esaurimento dell'impasto.

Preparare ora la farcitura. In una ciotola mescolare tutti gli ingredienti: lo
zucchero, la ricotta e un pizzico di cannella.

Mettere in una padella i frutti di bosco con un cucchiaio di zucchero, un cucchiaio di acqua e sfumare con il liquore.

Farcire i blintz con la crema di ricotta e arrotolarli come fossero crêpes. Servire
con i frutti di bosco ancora caldi.

DOLCE

TIRAMISÙ ALLEGRO

Ingredienti

500 g di mascarpone

250 ml di panna fresca

200 g di zucchero

2 tuorli

50 ml di crema di whisky

biscotti tipo pavesini al cacao qb

caffè qb

cacao amaro qb

20 minuti + il tempo di raffreddamento – 6-8 persone

Sbattere i tuorli con lo zucchero fino a che non diventano bianchi e spumosi. Unire poi la crema di whisky e mescolare ancora. Incorporare il mascarpone e ottenere una crema liscia. Montare la panna ben fredda e aggiungerla alla crema di mascarpone, mescolando delicatamente dal basso verso l'alto. Preparare il caffè. Quando è pronto, iniziare a stratificare il tiramisù in una coppa: sporcare la base con la crema e creare un fondo di biscotti al cacao imbevuti nel caffè. Aggiungere uno strato di crema e continuare alternando i pavesini imbevuti nel caffè e la crema fino a raggiungere l'orlo della coppa. Terminare con la crema, che deve essere ben livellata con un coltello.
Tenere in frigo per almeno un'ora a raffreddare e, subito prima di servire, spolverizzare la superficie con il cacao.

COOKIES B&W

INGREDIENTI
4 PERSONE

- 200 g di cioccolato bianco
- 150 g di zucchero
- 130 g di farina
- 100 g di burro
- 30 g di cacao amaro
- 20 g di corn flakes
- 1 uovo
- ½ cucchiaino di lievito per dolci
- ½ cucchiaino di sale

TEMPO
40'

PREPARAZIONE

In una ciotola, sbattere l'uovo con lo zucchero. Ammorbidire il burro in un pentolino sul fuoco o nel microonde, senza scaldarlo troppo, e unirlo alle uova.

Frullare i corn flakes e mescolarli con la farina, unire anche il cacao, il lievito e il sale. Mescolare gli ingredienti umidi a quelli secchi.

Tritare grossolanamente il cioccolato bianco e aggiungerlo all'impasto, mescolando il tutto. Darà il tono white al composto black.

Prendere una cucchiaiata di impasto e con le mani umide formare una polpetta. Disporre le palline leggermente schiacciate e distanziate sulla placca ricoperta di carta forno e cuocere per 10 minuti a 180 °C.

"DELLE BUONE TORTE
DI MELE SONO
UNA PARTE CONSIDEREVOLE
DELLA NOSTRA
FELICITÀ DOMESTICA."

- JANE AUSTEN -

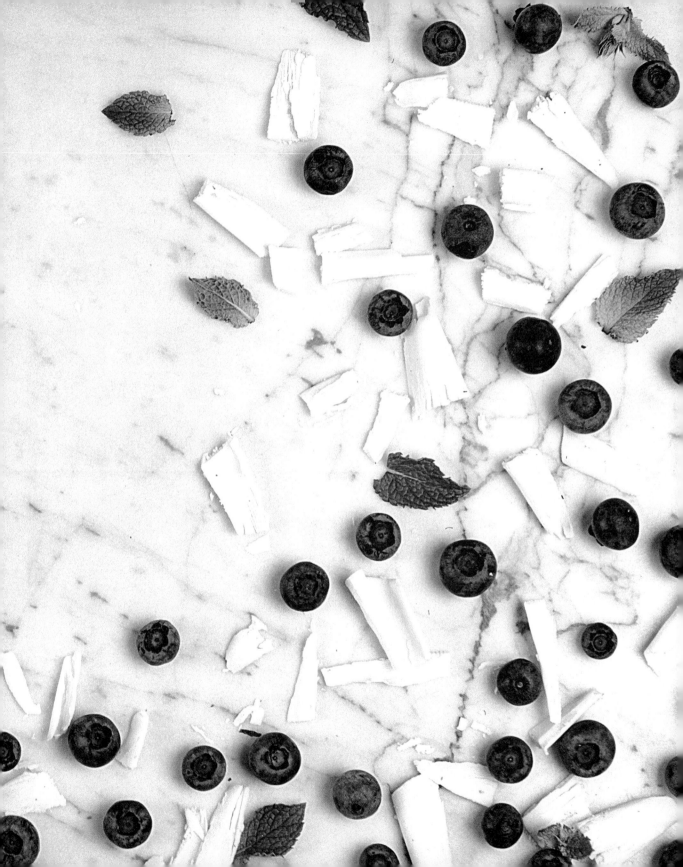

DOLCE

DOLCE AL CUCCHIAIO CON PESCHE E AMARETTI

Ingredienti

Per la dadolata di pesche

3 pesche

2 cucchiai colmi di zucchero di canna

Per la crema

300 g di yogurt bianco

2 cucchiai di miele

Per il crumble

50 g di amaretti

50 g di zucchero di canna

50 g di burro

50 g di farina

30 minuti – 4 persone

Per il crumble, impastare con la punta delle dita in una ciotola il burro a pezzi con la farina e lo zucchero di canna, aggiungere poi gli amaretti sbriciolandoli grossolanamente a mano: tutto il composto che si otterrà sarà bricioloso. Spargere uno strato di crumble su una teglia foderata di carta forno e infornare a 180 °C per 10 minuti.

Intanto, tagliare a cubetti le pesche e cuocere a fuoco basso con lo zucchero di canna senza però che si sfaldino completamente. Se sono molto mature è meglio lasciare la buccia.

Preparare la crema mescolando yogurt e miele.

Comporre il dolce mettendo in ogni bicchierino uno strato di pesche, uno di crema allo yogurt e infine il crumble.

DOLCE

MOUSSE DI PERE E CROCCANTE

Ingredienti

2 pere

200 g di cioccolato fondente

250 ml di panna fresca

150 g di zucchero + qb per le pere

100 g di mandorle a lamelle

50 g di burro

1 limone

rum qb

40 minuti + il tempo di raffreddamento della ganache – 4 persone

Scaldare la panna sul fuoco. Quando arriva a bollore, toglierla dalla fiamma e versarla sopra il cioccolato a scaglie, mescolando dolcemente per creare una ganache. Farla raffreddare per bene in frigo.

Preparare il croccante mettendo in una padella lo zucchero con qualche goccia di limone e far caramellare. Non appena lo zucchero imbrunisce, aggiungere le mandorle. Mescolare fino a che il croccante non diventa ben brunito. A questo punto spegnere il fuoco e trasferire con cautela il croccante liquido su un foglio di carta forno, quindi con una spatola o un mattarello, appoggiando un foglio di carta forno anche sopra, stenderlo in uno stato sottile e lasciarlo raffreddare. Staccarlo delicatamente dalla carta forno e tagliarlo a losanghe.

Togliere il torsolo alle pere e tagliarle a fettine, tenendo la buccia. Scaldare in una padella il burro e un paio di cucchiai di zucchero, aggiungere le pere, spadellarle e sfumarle con il rum.

Prendere la ganache ben fredda dal frigo e montarla con le fruste elettriche ottenendo una mousse soffice.

Assemblare il dolce a proprio gusto, utilizzando il croccante spezzettato, le pere spadellate e quenelle di mousse.

CIAMBELLA YOGURT E POMPELMO ROSA

DOLCE

INGREDIENTI
8 PERSONE

4 uova

80 g di zucchero di canna

1 pompelmo rosa non trattato

140 g di olio di semi

1 vasetto di yogurt bianco

330 g di farina

100 g di cioccolato bianco

1 bustina di lievito per dolci

PREPARAZIONE

Sbattere le uova con lo zucchero, unire la spremuta di mezzo pompelmo e tutta la scorza grattugiata, l'olio di semi e lo yogurt quindi mescolare ancora. Unire la farina con il lievito e aggiungerli al composto poco per volta mescolando con la frusta in modo che non si creino grumi. In ultimo tagliare a scaglie il cioccolato bianco e metterlo nella ciotola insieme agli altri ingredienti. Imburrare e infarinare uno stampo per ciambella, riempirlo con il composto e cuocere a 180 °C per circa 30 minuti.

TEMPO
45'

DOLCE

TIRAMISÙ DI PANETTONE

INGREDIENTI
4 PERSONE

· ·

½ panettone (600 g) circa

250 g di mascarpone

250 ml di panna fresca

150 g di zucchero

2 tuorli

1 cucchiaio di Marsala

4 tazzine di caffè

2 cucchiai di cacao amaro

PREPARAZIONE

· ·

Sbattere i tuorli con il Marsala e lo zucchero fino a che non diventano bianchi e spumosi. Montare a parte la panna. Unire il mascarpone ai tuorli e fare una crema, poi aggiungere la panna mescolando delicatamente dal basso verso l'alto.

Tagliare il panettone a fette e tostarle in forno in modo che non si disfino una volta umide. Scegliere una bella coppa di vetro trasparente e iniziare a comporre il dolce: bagnare il panettone con il caffè e creare degli strati di crema al mascarpone e panettone fino a riempire la ciotola. Concludere con la crema al mascarpone e un sottile velo di cacao. Far riposare in frigo prima di servire.

TEMPO
30'
+ riposo

DOLCE

DOODLE DI VANIGLIA E ARANCIA CON FROSTING AL FORMAGGIO

Ingredienti

125 g di burro

125 g di farina

100 g di zucchero

3 uova

1 bustina di vanillina

½ bustina di lievito per dolci

½ arancia non trattata

sale

Per il frosting

200 g di ricotta

3 cucchiai di zucchero a velo

1 punta di colorante alimentare

45 minuti + il tempo di raffreddamento – per 8 muffin

Sbattere leggermente le uova con lo zucchero e unire il burro sciolto. Aggiungere la farina con il lievito e la vanillina, un pizzico di sale e la scorza di arancia grattugiata. Riempire con il composto i pirottini di carta da muffin, metterli nelle formine e fare cuocere in forno statico per circa 20-25 minuti a 180 °C.

Una volta che i muffin sono cotti e si sono raffreddati, con un levatorsoli o un coltellino ben affilato praticare un buco nella parte superiore, un po' come se si dovesse togliere un immaginario torsolo, ma senza bucare il muffin fino in fondo.

Fare il frosting mescolando con una frusta a mano la ricotta con lo zucchero a velo e il colorante. Aiutandosi con una siringa per uso alimentare (si compra al supermercato) o una sacca da pasticcere riempire i buchi e poi completare con un ricciolo di frosting per decorazione.

TORTA ROVESCIATA ALL'ANANAS CARAMELLATO

INGREDIENTI
8 PERSONE

- 500 g di ananas
- 125 g di burro per l'impasto + 50 g per l'ananas
- 125 g di zucchero semolato
- 125 g di farina
- 50 g di zucchero di canna
- 2 uova
- ½ bicchiere di latte
- 1 cucchiaio e ½ di lievito per dolci
- 1 bustina di vanillina
- cannella qb

PREPARAZIONE

Sbattere le uova con lo zucchero semolato, aggiungere il burro sciolto e intiepidito e poi il latte. Unire anche la farina con la vanillina, un pizzico di cannella e il lievito. Una volta preparato l'impasto mettere le fette di ananas in padella con lo zucchero di canna e il burro e cuocere a fuoco medio-alto fino a che non sono caramellate, rigirandole delicatamente. Quando sono pronte, trasferire le fette di ananas con tutto il caramello sulla base di una tortiera e versare sopra l'impasto della torta.
Cuocere in forno a 180 °C per circa 25 minuti. Sformare la torta prima che si raffreddi e il caramello renda appiccicosa la base.

TEMPO
45'

DOLCE

CROSTATA DI AVOCADO E PISTACCHI CON MIRTILLI

Ingredienti

200 g di polpa
di avocado ben maturo

50 g di pistacchi

1 vasetto
di marmellata
di mirtilli

250 g di farina

125 g di zucchero

1 uovo

½ cucchiaino di lievito
per dolci

1 bustina di vanillina

1 limone non trattato

sale

45 minuti – 6 persone

Frullare la polpa di avocado. Tritare a parte i pistacchi. In una ciotola mescolare la farina, lo zucchero, i pistacchi tritati, la vanillina, il lievito, il sale e la scorza del limone. Aggiungere la polpa dell'avocado e impastare fino a ottenere un composto sbricioloso. In ultimo aggiungere l'uovo e impastare ancora per avere un panetto di consistenza liscia e plastica. Se necessario aggiungere un po' di farina.

Dividere l'impasto in 2 parti in modo che una sia un terzo dell'altra. Stendere il panetto più grande con il mattarello e sistemarlo in una tortiera imburrata e infarinata. Rifinire i bordi con un coltello e riempire di marmellata. Stendere l'altro panetto, ricavarne delle strisce e fare i classici incroci sulla crostata. Cuocere in forno a 180 °C per circa 25 minuti.

DOLCE

CARROT CAKE

Ingredienti

2 carote
+ 1 per decorare

240 g di farina 0

130 g di zucchero
di canna grezzo

120 ml di olio
di girasole

4 uova

1 arancia

2 cucchiai colmi di noci
tritate

2 cucchiai colmi
di uvetta

2 cucchiaini di lievito
per dolci

1 bustina di vanillina
(oppure 1 bacca
di vaniglia)

cannella qb

1 chiodo di garofano

noce moscata qb

pepe nero

Per il frosting

150 g di formaggio
spalmabile

2 cucchiai di zucchero
a velo

1 ora e 10 minuti – 8 persone

Mescolare in 2 ciotole separate gli ingredienti umidi e quelli secchi: in una ciotola sbattere lo zucchero di canna, l'olio e le uova con il succo di mezza arancia. In un altro recipiente mescolare la farina, la cannella, la vanillina, il chiodo di garofano schiacciato, una grattugiata di noce moscata, una macinata di pepe nero e il lievito.
Tritare le 2 carote con le noci e l'uvetta e aggiungerle agli ingredienti umidi.
Unire le 2 preparazioni – umida e secca – e mescolare bene. Versare l'impasto in una tortiera imburrata e infornare a 180 °C per 40-45 minuti, coprendo con la carta stagnola a metà cottura per evitare che si scurisca troppo.
Fare il frosting mescolando il formaggio spalmabile e lo zucchero a velo.
Sfornare la torta, lasciarla raffreddare e quando è ben fredda glassarla con la crema al formaggio.
Decorare con striscioline di carota.

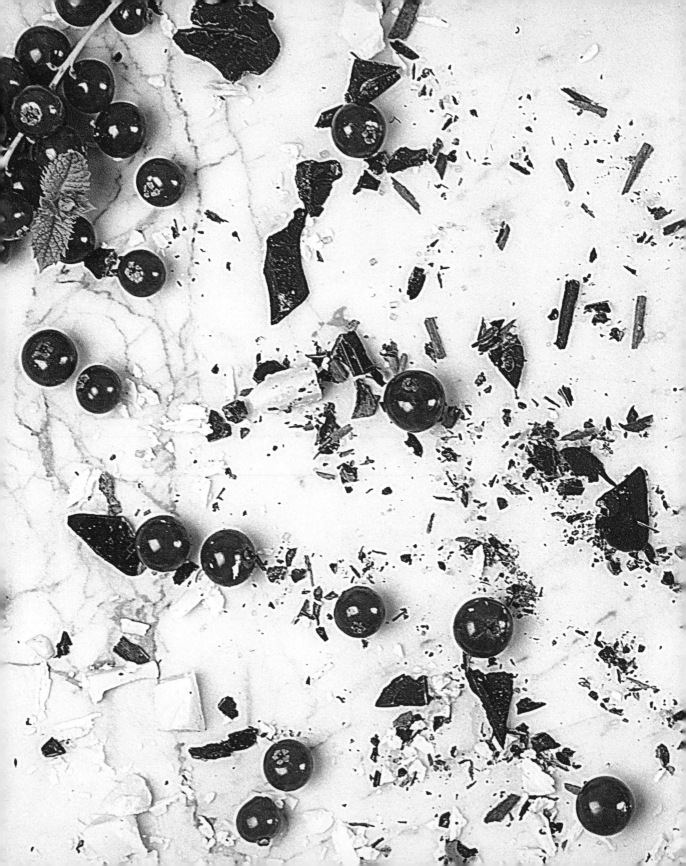

SEMPRE PRONTI A SFORNARE

IL MOMENTO MIGLIORE PER METTERSI A PREPARARE UN DOLCE È DURANTE QUEI PIGRI POMERIGGI DEL WEEKEND QUANDO L'ULTIMA COSA CHE SI HA VOGLIA DI FARE... È USCIRE PER ANDARE AL SUPERMERCATO A FARE LA SPESA. ECCO PERCHÉ È BENE AVERE SEMPRE IN DISPENSA GLI INGREDIENTI BASE DEL "BRAVO PASTICCERE", PER ESSERE SEMPRE PRONTI A SFORNARE TORTE IN QUALUNQUE MOMENTO!

QUESTA È LA LISTA DI QUELLO CHE NON DEVE MAI MANCARE:

INGREDIENTI SECCHI: FARINA, ZUCCHERO BIANCO E DI CANNA, LIEVITO PER DOLCI, VANILLINA, CANNELLA, CACAO AMARO, FECOLA DI PATATE, COCCO RAPÈ, MANDORLE, NOCI E NOCCIOLE, ZUCCHERO A VELO, COLLA DI PESCE.

INGREDIENTI UMIDI: PANNA (QUELLA VEGETALE CHE DURA A LUNGO E CHE SI MONTA CON FACILITÀ), BURRO (DA TENERE IN FREEZER SE LO SI USA POCO COSÌ NON VA A MALE), UOVA, CIOCCOLATO FONDENTE, MARMELLATA, MIELE, YOGURT, LIMONI.

STRUMENTI INDISPENSABILI: FRUSTA ELETTRICA, TRITATUTTO (CUTTER), CARTA FORNO, TORTIERA CON ANELLO STACCABILE, FRUSTA A MANO, SIRINGA DA PASTICCERE O SAC À POCHE, FORMINE PER MUFFIN E PIROTTINI DI CARTA, BILANCIA.

Lo so, ringrazio sempre le stesse persone... eppure quando sei fortunata accade proprio così: gli amici e la famiglia ti seguono avventura dopo avventura, ti sostengono esperienza dopo esperienza. Dunque eccomi ancora una volta a ringraziare Rossella Biancardi e Marina Mercuriali che mi hanno aiutata a dare forma a questo libro. Grazie a Lorenzo De Simone per lo scatto di copertina e a Sergio Pappalettera per il progetto grafico. Grazie a Giacomo Paulato che insieme ad Andrea Solinas ha collaborato alla creazione di tante ricette di questo libro. Grazie agli autori di "Pronto e postato" Caterina Varvello e Giuseppe Scognamiglio, fonti inesauribili di idee. Grazie a Cecilia Mugnaini, Marco Miana e Luisa Pistoia, compagni ormai di tanti contratti e tante avventure! Grazie a Giusi Battaglia, ufficio stampa e amica di sempre. Grazie, da ultimo, alla mia formidabile famiglia.

INDICE DEGLI INGREDIENTI

CACAO AMARO
Brownies (301)
Cookies B&W (323)
Red velvet cupcake (292)
Tiramisù allegro (320)
Tiramisù di panettone (333)
Torta del nonno (288)
Torta di cioccolato e barbabietole (189)

CACIOCAVALLO
Involtini di tonno (61)

CAFFÈ
Tiramisù allegro (320)
Tiramisù di panettone (333)

CALAMARI
Paella di pesce (28)
Pasta fredda (75)
Spaghettini di soia
con verdure e pesce (165)

CANNELLA
Banana bread di grano saraceno
al cioccolato (296)
Blintz (318)
Carrot cake (340)
Pizza pasquale (36)
Pudding di colomba pasquale (302)
Torta del nonno (288)
Torta di rose alla cannella (312)
Torta rovesciata all'ananas
caramellato (337)
West toast (190)

CAPESANTE
Spaghetti con capesante (81)

CAPPERI
Involtini di tonno (61)
Penne al pesto piccante (253)
Pizza gourmet (204)
Sardenaria (98)
Tonno tonnato (117)
Vasocottura di salmone (107)
Vellutata di barbabietole (125)
Vitello tonnato leggerissimo (89)

CARCIOFI
Carbonara di carciofi (245)
Costolette di agnello e carciofi (44)
Ravioli carciofi e burrata (182)
Risotto ai carciofi (48)
Trenette noci e carciofi (198)

CAROTE
Carrot cake (340)
Coniglio ai peperoni rivisitato (105)
Crespelle alle verdure (228)
Guacamole con crudité (241)
Pollo al cocco (157)
Pollo grigliato con patate dolci

e carote fritte a bastoncino (85)
Polpo alla curcuma su crema
di lenticchie (162)
Ramen di pollo (144)
Ravioli cinesi (148)
Ribollita (281)
Risotto ai carciofi (48)
Risotto cacio pepe e lime (12)
Spaghettini di soia con verdure
e pesce (165)
Tagliatelle con ragù di pesce (58)
Vellutata di zucca e curcuma (243)
Vitello tonnato leggerissimo (89)

CASTAGNE PRECOTTE
Tacchino di Natale a pezzi (212)

CAVOLINI DI BRUXELLES
Insalata invernale di riso rosso (233)
Tacchino di Natale a pezzi (212)
Teglia di cavolini e patate dolci (237)

CAVOLO NERO
Ribollita (281)

CECI
Burger vegetariano (264)
Maltagliati in padella
con ceci e cozze (174)

CHIODI DI GAROFANO
Carrot cake (340)
Pollo al curry (96)

CIME DI RAPA
Pancotto a modo mio (254)
Tuorlo fritto con cime di rapa (276)

CIOCCOLATO BIANCO
Ciambella yogurt
e pompelmo rosa (331)
Cookies B&W (323)
Donuts (298)

CIOCCOLATO EXTRA FONDENTE
Cheesecake al cioccolato (194)

CIOCCOLATO FONDENTE
Banana bread di grano saraceno
al cioccolato (296)
Brownies (301)
Mousse di cioccolato all'acqua (167)
Mousse di pere e croccante (328)
Torta del nonno (288)
Torta di cioccolato e barbabietole (189)

CIOCCOLATO (GOCCE)
Torta nuvola (309)

CIPOLLA
Coniglio ai peperoni rivisitato (105)
Gamberi saganaki (153)
Pancotto a modo mio (254)
Pollo schiacciato e peperonata (134)

Polpo alla curcuma su crema
di lenticchie (162)
Ramen di pollo (144)
Ribollita (281)
Risotto ai carciofi (48)
Risotto cacio pepe e lime (12)
Sardenaria (98)
Tortilla di patate (275)
Vitello tonnato leggerissimo (89)

CIPOLLA LIOFILIZZATA
Pollo Kentucky (202)

CIPOLLA ROSSA
Pasta fredda (75)
Piadina peperonata e bufala (200)
Pizza gourmet (204)
Radicchio tardivo in agrodolce (231)
Slow chicken bagel (101)
Tagliatelle con ragù di pesce (58)
Vasocottura al salmone (107)
Vellutata di barbabietole (125)

CIPOLLINE BORRETANE
Spezzatino nocciole e cipolline (82)

CIPOLLOTTO
Caponata di pesce spada (127)
Cous cous di primavera (110)
Curry di seppie (217)
Filetto di maiale con salsa
alle arachidi (184)
Fusilli croccanti (123)
Fusilli melanzane e ombrina (53)
Pollo al cocco (157)
Polpette teriyaki (120)
Ramen di pollo (144)
Speedy Pasquetta (159)

CIPOLLOTTO ROSSO
Burger vegetariano (264)
Frittatine di verdura al forno (143)
Guacamole con crudité (241)

CODETTE DI ZUCCHERO COLORATO
Donuts (298)

COLLA DI PESCE
Bavarese al mango (290)

COLOMBA
Pudding di colomba pasquale (302)

COLORANTE ALIMENTARE
Doodle di vaniglia e arancia
con frosting al formaggio (334)

COLORANTE ALIMENTARE ROSSO
Red velvet cupcake (292)

CONCENTRATO DI POMODORO
Tagliatelle con ragù di pesce (58)

CONIGLIO
Coniglio ai peperoni rivisitato (105)

CORIANDOLO
Tacos in salsa maiocado (215)

CORN FLAKES
Cookies B&W (323)

COTECHINO
Tagliatelle con broccoli e ragù di cotechino (209)

COUS COUS
Cous cous di primavera (110)

COZZE
Maltagliati in padella con ceci e cozze (174)
Paella di pesce (28)

CRACKER
Crab cake (109)

CREMA DI WHISKY
Tiramisù allegro (320)

CRÈME FRAÎCHE
Rotolo di spinaci (70)

CRESCENZA
Torta di zucchine (261)

CUMINO
Speedy Pasquetta (159)

CURCUMA
Muffin di zucchine e menta (246)
Pollo al curry (96)
Polpo alla curcuma su crema di lenticchie (162)
Vellutata di zucca e curcuma (243)

CURRY
Curry di seppie (217)
Filetto di maiale con salsa alle arachidi (184)
Pollo al curry (96)

EDAMAME
Cous cous di primavera (110)

EMMENTAL
Crock cake (177)
Rose-golose (63)
Sbrisolona salata (193)

ERBA CIPOLLINA
Crespelle alle verdure (228)
Polpette teriyaki (120)
Ravioli cinesi (148)
Speedy Pasquetta (159)
Tacos in salsa maiocado (215)
Treccia integrale con mousse di salmone (34)

FAGIOLI CANNELLINI
Ribollita (281)

FAGIOLINI
Polpettone alla ligure (227)

FARFALLE
Farfalle pecorino e fave (43)

FARFALLE INTEGRALI
Pasta fredda (75)

FARINA DI CECI
Millefoglie di farinata (56)

FARINA DI GRANO SARACENO
Banana bread di grano saraceno al cioccolato (296)
Blini integrali al salmone (113)

FARINA DI MAIS PER POLENTA
Pomodori verdi fritti ma non fritti (251)
Zucchine e cotolette impanate ma non fritte (87)

FARINA DI MANDORLE
Sbrisolona salata (193)

FARINA DI RISO
Tempura (68)
Torta del nonno (288)

FARINA DI SEMOLA DI GRANO DURO
Bocconcini di platessa con chips di patate viola (15)

FARINA INTEGRALE
Blini integrali al salmone (113)
Crespelle alle verdure (228)
Plumcake all'arancia (317)
Treccia integrale con mousse di salmone (34)

FARINA MANITOBA
Sardenaria (98)
Treccia integrale con mousse di salmone (34)

FAVE
Cous cous di primavera (110)
Crema di fave con bignè di parmigiano (270)
Farfalle pecorino e fave (43)
Speedy Pasquetta (159)

FETA
Gamberi saganaki (153)
Linguine con limone, feta e basilico (131)

FINOCCHIETTO SELVATICO
Panpatata (26)

FINOCCHIO
Vellutata detox con mazzancolle (169)

Zuppetta di astice (141)

FIORI DI ZUCCA
Baccalà in fiore con patatine (180)
Pizza gourmet (204)

FORMAGGIO SPALMABILE
Carrot cake (340)
Cheesecake al cioccolato (194)
Muffin di zucchine e menta (246)
Rotolo di spinaci (70)

FRIGGITELLI
Pasta fredda (75)

FRAGOLE
Happy breakfast (310)
Insalata di fragole croccante (137)
Sablé di fragole (304)

FRUTTO DELLA PASSIONE
Costolette di agnello e carciofi (44)

FRUTTI DI BOSCO
Blintz (318)
Cheesecake al cioccolato (194)
West toast (190)

FUNGHI CHAMPIGNON
Gnocchi di patate con crema di funghi (90)

FUNGHI PORCINI SECCHI
Gnocchi di patate con crema di funghi (90)

FUSILLI
Fusilli croccanti (123)
Fusilli melanzane e ombrina (53)

GAMBERI
Gamberi saganaki (153)
Ravioli cinesi (148)
Tempura (68)

GAMBERETTI
Spaghettini di soia con verdure e pesce (165)

GORGONZOLA
Pomodori verdi fritti ma non fritti (251)

GROVIERA
Polpette in crosta (211)
Seven salad (147)

INSALATA
Bocconcini di platessa con chips di patate viola (15)
Burger vegetariano (264)
Insalata di fragole croccante (137)
Polpette teriyaki (120)

INSALATA ICEBERG
Tacos in salsa maiocado (215)

INSALATA SCAROLA
Pizza di scarola e acciughe (19)

KETCHUP
Polpette in crosta (211)
Slow chicken bagel (101)

LAMPONI
Brownies (301)
Mousse di cioccolato all'acqua (167)
Red velvet cupcake (292)

LARDO
Pizza gourmet (204)

LATTE
Baccalà croccante (73)
Baccalà in fiore con patatine (180)
Bavarese al mango (290)
Blini integrali al salmone (113)
Blintz (318)
Crespelle alle verdure (228)
Curry di seppie (217)
Donuts (298)
Filetto di maiale
con salsa alle arachidi (184)
Khachapuri (272)
Muffin di zucchine e menta (246)
Pizza pasquale (36)
Plumcake all'arancia (317)
Pollo al cocco (157)
Polpette in crosta (211)
Pudding di colomba pasquale (302)
Purè di topinambur (283)
Rotolo di spinaci (70)
Sardenaria (98)
Spezzatino nocciole e cipolline (82)
Torta del nonno (288)
Torta di mele e rosmarino (155)
Torta di rose alla cannella (312)
Torta rovesciata all'ananas
caramellato (337)
Treccia integrale con mousse
di salmone (34)
Trenette noci e carciofi (198)
Vellutata di asparagi
e mimosa d'uovo (256)

LATTE CONDENSATO
Lime meringue pie (306)

LATTE DI COCCO
Crema di broccoli thai (239)
Curry di seppie (217)
Pollo al cocco (157)

LENTICCHIE
Polpette alle lenticchie (268)

LENTICCHIE ROSSE
Polpo alla curcuma su crema
di lenticchie (162)

LIEVITO DI BIRRA
Blini integrali al salmone (113)
Donuts (298)
Khachapuri (272)
Panpatata (26)
Pizza pasquale (36)
Sardenaria (98)
Torta di rose alla cannella (312)
Treccia integrale con mousse
di salmone (34)

LIEVITO PER TORTE SALATE
Millefoglie di farinata (56)
Muffin di zucchine e menta (246)

LIME
Curry di seppie (217)
Lime meringue pie (306)
Pollo al cocco (157)
Red velvet cupcake (292)
Risotto cacio pepe e lime (12)
Speedy Pasquetta (159)
Vasocottura di salmone (107)

LIMONE
Linguine con limone, feta, basilico (131)

LINGUINE
Linguine con limone, feta e basilico
(131)
Orata all'acqua pazzerella (39)
Spaghetti alla Nerano (249)

MAIALE
Filetto di maiale con salsa
alle arachidi (184)
Rosticciana al Vin Santo (32)

MAIALE (CARNE TRITA)
Ravioli cinesi (148)

MAIONESE
Blini integrali al salmone (113)
Crab cake (109)
Pizza gourmet (204)
Vitello tonnato leggerissimo (89)

MAIZENA
Polpette teriyaki (120)
Ramen di pollo (144)

MANDORLE
Caponata di pesce spada (127)
Mousse di pere e croccante (328)
Pasta patate e 'nduja (65)
Tagliatelle con ragù di pesce (58)
Torta del nonno (288)

MANGO
Bavarese al mango (290)
Seven salad (147)
West toast (190)

MANZO
Roastbeef (139)

MANZO (CARNE TRITA)
Micburger (25)
Polpette al sugo infornate (187)
Polpette in crosta (211)
Polpette teriyaki (120)

MARMELLATA
Crostata di avocado e pistacchi
con mirtilli (338)
Dorayaki alla nutella (287)
Pudding di colomba pasquale (302)

MARSALA
Spezzatino nocciole e cipolline (82)
Tiramisù di panettone (333)

MASCARPONE
Red velvet cupcake (292)
Tiramisù allegro (320)
Tiramisù di panettone (333)
West toast (190)

MAZZANCOLLE
Tacos in salsa maiocado (215)
Vellutata detox con mazzancolle (169)

MELE
Seven salad (147)
Tonno tonnato (117)
Torta di mele e rosmarino (155)

MELANZANE
Fusilli melanzane e ombrina (53)
Norma light (133)

MENTA
Coniglio ai peperoni rivisitato (105)
Muffin di zucchine e menta (246)
Pasta ai 3 peperoni (77)
Rosticciana al Vin Santo (32)
Sablé di fragole (304)
Speedy Pasquetta (159)
Trenette noci e carciofi (198)
West toast (190)

MERLUZZO
Black cod al miso scaloppato (93)
Tagliatelle con ragù di pesce (58)

MEZZE MANICHE
Norma light (133)

MICHETTA
Micburger (25)

MIELE
Dolce al cucchiaio con pesche
e amaretti (326)
Dorayaki alla nutella (287)
Filetto di maiale con salsa
alle arachidi (184)

Muffin di zucchine e menta (246)
Panpatata (26)
Polpette al sugo infornate (187)
Polpette alle lenticchie (268)
Polpette in crosta (211)
Polpettone alla ligure (227)
Ravioli carciofi e burrata (182)
Ribollita (281)
Risotto ai carciofi (48)
Rotolo di spinaci (70)
Sbrisolona salata (193)
Torta di zucchine (261)
Tuorlo fritto con cime di rapa (276)
Vellutata di asparagi
e mimosa d'uovo (256)
Vellutata di zucca e curcuma (243)

PASSATA DI POMODORO
Pizza in piedi (41)
Pollo schiacciato e peperonata (134)
Polpette al sugo infornate (187)

PASTA BRISÉE
Mini quiche formaggio e acciughe (23)

PASTA DI MISO
Black cod al miso scaloppato (93)

PASTA FRESCA PER LASAGNE
Maltagliati in padella
con ceci e cozze (174)

PASTA PER PIZZA
Pizza di scarola e acciughe (19)
Pizza gourmet (204)
Pizza in piedi (41)
Polpette in crosta (211)

PASTA SFOGLIA
Torta di zucchine (261)

PATATE
Bistecche alla birra e patate
a ventaglio (16)
Burger vegetariano (264)
Gnocchetti di mare (66)
Gnocchi di patate con crema
di funghi (90)
Panpatata (26)
Pasta patate e 'nduja (65)
Polpette alle lenticchie (268)
Polpettone alla ligure (227)
Purè di topinambur (283)
Ribollita (281)
Tortilla di patate (275)
Vellutata di asparagi
e mimosa d'uovo (256)
Vellutata di zucca e curcuma (243)
Zuppetta di astice (141)

PATATE DOLCI
Pollo grigliato con patate dolci

e carote fritte a bastoncino (85)
Tacchino di Natale a pezzi (212)
Teglia di cavolini e patate dolci (237)

PATATE VIOLA
Bocconcini di platessa con chips
di patate viola (15)

PATATINE FRITTE SURGELATE
Baccalà in fiore con patatine (180)
Filetto di maiale con salsa
alle arachidi (184)

PATATINE SMILE
Pizza in piedi (41)

PECORINO
Carbonara di carciofi (245)
Involtini di tonno (61)
Spaghetti alla Nerano (249)
Uova in cocotte con asparagi (262)

PECORINO ROMANO
Risotto cacio pepe e lime (12)

PECORINO SARDO
Farfalle pecorino e fave (43)

PENNE
Carbonara di carciofi (245)
Penne al pesto piccante (253)

PENNETTE AI 5 CEREALI
Pennette stracciatella e puntarelle (55)

PEPE
Risotto cacio pepe e lime (12)

PEPE BIANCO
Paella di pesce (28)

PEPE ROSA
Vellutata di barbabietole (125)
West toast (190)

PEPERONCINO
Avocado toast (223)
Cous cous di primavera (110)
Crema di broccoli thai (239)
Fusilli melanzane e ombrina (53)
Maltagliati in padella
con ceci e cozze (174)
Nidi di agretti con uova poché (31)
Orata all'acqua pazzerella (39)
Pancotto a modo mio (254)
Penne al pesto piccante (253)
Pennette stracciatella e puntarelle (55)
Pollo al curry (96)
Speedy Pasquetta (159)
Zuppa alle vongole e zafferano (119)

PEPERONI
Caponata di pesce spada (127)
Coniglio ai peperoni rivisitato (105)

Cous cous di primavera (110)
Crespelle alle verdure (228)
Gamberi saganaki (153)
Paella di pesce (28)
Pasta ai 3 peperoni (77)
Piadina peperonata e bufala (200)
Pollo schiacciato e peperonata (134)
Spaghettini di soia
con verdure e pesce (165)
Tempura (68)
Vellutata detox con mazzancolle (169)

PERE
Mousse di pere e croccante (328)
Uova in cocotte con asparagi (262)

PESCE SPADA
Caponata di pesce spada (127)

PESCHE
Dolce al cucchiaio con pesche
e amaretti (326)

PESTO
Micburger (25)
Polpettone alla ligure (227)

PINOLI
Panpatata (26)
Involtini di tonno (61)
Linguine con limone, feta
e basilico (131)
Radicchio tardivo in agrodolce (231)

PISELLI
Frittatine di verdura al forno (143)
Paella di pesce (28)
Rosticciana al Vin Santo (32)

PISTACCHI
Costolette di agnello e carciofi (44)
Crostata di avocado e pistacchi
con mirtilli (338)

PLATESSA
Bocconcini di platessa con chips
di patate viola (15)

POLLO
Bistecche alla birra e patate
a ventaglio (16)
Pollo al cocco (157)
Pollo al curry (96)
Pollo grigliato con patate dolci e
carote fritte a bastoncino (85)
Pollo Kentucky (202)
Pollo schiacciato e peperonata (134)
Ramen di pollo (144)
Risotto cacio pepe e lime (12)
Seven salad (147)
Slow chicken bagel (101)

Slow chicken bagel (101)
Spaghettini di soia
con verdure e pesce (165)

SALSA WORCESTER
Crab cake (109)

SALUMI
Torta al testo con nutella
o salumi (172)

SALVIA
Bistecche alla birra
e patate a ventaglio (16)
Costolette di agnello e carciofi (44)
Insalata di zucca e bacon (221)
Millefoglie di farinata (56)
Pollo grigliato con patate dolci
e carote fritte a bastoncino (85)
Ravioli carciofi e burrata (182)
Tacchino di Natale a pezzi (212)

SCALOGNO
Black cod al miso scaloppato (93)
Brie burger (47)
Gnocchi di patate con crema
di funghi (90)
Paella di pesce (28)
Pollo al curry (96)
Purè di topinambur (283)
Ravioli cinesi (148)
Risotto ai carciofi (48)
Risotto cacio pepe e lime (12)
Spezzatino nocciole e cipolline (82)
Tacchino di Natale a pezzi (212)
Zuppa alle vongole e zafferano (119)

SCAMPI
Cous cous di primavera (110)
Paella di pesce (28)

SCIROPPO D'ACERO
Happy breakfast (310)
Pollo Kentucky (202)
Tacos in salsa maiocado (215)

SEDANO
Caponata di pesce spada (127)
Coniglio ai peperoni rivisitato (105)
Guacamole con crudité (241)
Polpo alla curcuma su crema
di lenticchie (162)
Ramen di pollo (144)
Ribollita (281)
Risotto ai carciofi (48)
Risotto cacio pepe e lime (12)
Tagliatelle con ragù di pesce (58)
Vellutata detox con mazzancolle (169)
Vitello tonnato leggerissimo (89)

SENAPE
Crab cake (109)

Rose-golose (63)
Rosticciana al Vin Santo (32)

SEPPIOLINE
Curry di seppie (217)

SONCINO
Insalata di zucca e bacon (221)
Seven salad (147)
Tonno tonnato (117)
Uova in cocotte con asparagi (262)

SPAGHETTI AI 5 CEREALI
Spaghetti con capesante (81)

SPAGHETTI DI RISO
Ramen di pollo (144)

SPAGHETTINI DI SOIA
Spaghettini di soia
con verdure e pesce (165)

SPINACI
Frittatine di verdura al forno (143)

SPINACINI
Brie burger (47)
Rotolo di spinaci (70)

STRACCIATELLA
Pennette stracciatella
e puntarelle (55)

STRACCHINO
Khachapuri (272)
Mini quiche formaggio e acciughe (23)
Risotto ai carciofi (48)

STRUTTO
Piadina peperonata e bufala (200)
Pizza pasquale (36)

TABASCO
Crab cake (109)
Tacos in salsa maiocado (215)

TACCHINO
Pizza gourmet (204)
Tacchino di Natale a pezzi (212)

TACCOLE
Spaghettini di soia
con verdure e pesce (165)

TACOS
Tacos in salsa maiocado (215)

TAGLIATELLE
Tagliatelle con broccoli e ragù
di cotechino (209)
Tagliatelle con ragù di pesce (58)

TIMO
Baccalà in fiore con patatine (180)
Bistecche alla birra e patate
a ventaglio (16)

Filetto di maiale con salsa
alle arachidi (184)
Gnocchetti di mare (66)
Micburger (25)
Pollo Kentucky (202)
Purè di topinambur (283)
Ravioli carciofi e burrata (182)
Risotto ai carciofi (48)
Spezzatino nocciole e cipolline (82)
Tagliatelle con ragù di pesce (58)
Tonno tonnato (117)
Torta di zucchine (261)
Zuppa alle vongole e zafferano (119)
Zuppetta di astice (141)

TONNO
Involtini di tonno (61)
Tonno tonnato (117)

TONNO SOTT'OLIO
Pizza gourmet (204)
Tonno tonnato (117)
Vitello tonnato leggerissimo (89)

TOPINAMBUR
Purè di topinambur (283)

TROTA SALMONATA
Tagliatelle con ragù di pesce (58)

TRENETTE
Trenette noci e carciofi (198)

UOVA
Avocado toast (223)
Banana bread di grano saraceno
al cioccolato (296)
Blini integrali al salmone (113)
Blintz (318)
Brownies (301)
Burger vegetariano (264)
Carbonara di carciofi (245)
Carrot cake (340)
Ciambella yogurt
e pompelmo rosa (331)
Cookies B&W (323)
Crab cake (109)
Crema di fave con bignè
di parmigiano (270)
Crespelle alle verdure (228)
Crock cake (177)
Crostata di avocado e pistacchi
con mirtilli (338)
Donuts (298)
Doodle di vaniglia e arancia
con frosting al formaggio (334)
Dorayaki alla nutella (287)
Frittatine di verdura al forno (143)
Gnocchi di patate
con crema di funghi (90)
Happy breakfast (310)

INDICE DELLE PORTATE

Polpo alla curcuma su crema di lenticchie (162)
Roastbeef (139)
Rosticciana al vin santo (32)
Rotolo di spinaci (70)
Spezzatino nocciole e cipolline (82)
Tacchino di Natale a pezzi (212)
Tempura (68)
Tonno tonnato (117)
Torta di zucchine (261)
Tuorlo fritto con cime di rapa (276)
Uova in cocotte con asparagi (262)
Vasocottura di salmone (107)
Vitello tonnato leggerissimo (89)
Zucchine e cotolette impanate ma non fritte (87)

PIATTI UNICI E CONTORNI

Brie burger (47)
Frittatine di verdura al forno (143)
Insalata di fragole croccante (137)
Insalata di zucca e bacon (221)
Khachapuri (272)
Micburger (25)
Paella di pesce (28)
Piadina peperonata e bufala (200)
Pizza di scarola e acciughe (19)
Pizza gourmet (204)
Pomodori verdi fritti ma non fritti (251)
Purè di topinambur (283)
Radicchio tardivo in agrodolce (231)
Ramen di pollo (144)
Seven salad (147)
Slow chicken bagel (101)
Teglia di cavolini e patate dolci (237)
Tortilla di patate (275)

DOLCI

Banana bread di grano saraceno al cioccolato (296)
Bavarese al mango (290)
Blintz (318)
Brownies (301)
Carrot cake (340)
Cheesecake al cioccolato (194)
Ciambella yogurt e pompelmo rosa (331)
Cookies B&W (323)
Crostata di avocado e pistacchi con mirtilli (338)
Dolce al cucchiaio con pesche e amaretti (326)
Donuts (298)
Doodle di vaniglia e arancia con frosting
al formaggio (334)
Dorayaki alla nutella (287)
Happy breakfast (310)

Lime merengue pie (306)
Mousse di cioccolato all'acqua (167)
Mousse di pere e croccante (328)
Pizza pasquale (36)
Plumcake all'arancia (317)
Pudding di colomba pasquale (302)
Red velvet cupcake (292)
Sablé di fragole (304)
Tiramisù allegro (320)
Tiramisù di panettone (333)
Torta al testo con nutella o salumi (172)
Torta del nonno (288)
Torta di cioccolato e barbabietole (189)
Torta di mele e rosmarino (155)
Torta di rose alla cannella (312)
Torta nuvola (309)
Torta rovesciata all'ananas caramellato (337)
West toast (190)

Finito di stampare nell'aprile 2019 presso
3Erre s.r.l. – Viale Trento 14 – Orio Litta (LO)
Printed in Italy